Joanne K. Rowling

조앤 롤링,
스토리텔링의
힘을 보여줘

내가 **꿈**꾸는 **사람** _ 작가

조앤 롤링,
스토리텔링의
힘을 보여 줘

초판 1쇄 2013년 8월 1일
초판 7쇄 2022년 1월 4일

지은이 최가영

기획 편집 문은영
마케팅 강백산, 강지연
표지디자인 권석연
본문디자인 유민경
일러스트 차승민

펴낸이 이재일
펴낸곳 토토북
주소 04034 서울시 마포구 양화로11길 18 3층 (서교동, 원오빌딩)
전화 02-332-6255
팩스 02-332-6286
홈페이지 www.totobook.com
전자우편 totobooks@hanmail.net
출판등록 2002년 5월 30일 제10-2394호
ISBN 978-89-6496-144-5 44990
ISBN 978-89-6496-027-1 44890 (세트)

내가 **꿈꾸는 사람** _ 작가

Joanne K. Rowling

조앤 롤링, 스토리텔링의 함을 보여 줘

글 최가영

탐

머리말
21세기형 스토리텔러, 조앤 롤링

여러분, 조앤 롤링을 알고 있나요? J. K. 롤링이라는 이름으로 '해리 포터' 이야기를 쓴 작가예요. 자신이 마법사인 줄 모르고 이모네 집에 얹혀살던 깡마른 소년 해리 포터의 이야기는 67개 언어로 번역 출간되어 4억 5000만 부 넘게 팔리는 진기록을 세웠어요. 사람들은 '해리 포터' 시리즈가 세운 엄청난 기록과 조앤 롤링이 벌어들인 천문학적인 돈에 놀라고, 가난한 싱글맘이자 무명작가가 쓴 첫 작품이 세계 최고의 베스트셀러가 되었다는 '현대판' 신데렐라 스토리에 또 한번 놀라요.

어린이들을 위한 판타지 소설 작가도 많은데, 왜 하필 조앤 롤링이 유례없는 성공을 거둔 걸까요? '해리 포터' 이야기에 어떤 비밀이 숨어 있길래 어린이는 물론이고 어른들까지 매혹시켰을까요? 저는 이런 질문에 속 시원한 답을 찾고 싶었어요. 왜냐하면, 장차 작가가 되고 싶은 어린이들, 청소년들이 자신의 꿈을 당당하고 희망차게 설계하도록 도움을 주고 싶었거든요.

그래서 저는 조앤 롤링의 이야기를 쓰면서 '작가'라는 직업을 보는 새로운 시각도 담고 싶었어요. 오래전 글자가 없었던 시절에도 이야기를 꾸며내는 능력이 뛰어난 '이야기꾼'들이 있었어요. 재미있고 감동적인 이야기는 바로 그 이야기꾼들을 통해 세대를 거치며 전해졌지요. 글자가 생겨나자 이야기꾼들은 시나 소설, 희곡 같은 문학 작품들을 쓰는 작가가 되었어요. 그리고 지금은 책을 넘어 드라마, 영화, 인터넷 등 다양한 분야에서 전달하고자 하는 내용을 이야기로 재미있게 구성하는 사람들을 모두 작가, 또는 '스토리텔러'라고 불러요. '작가는 가난하다'는 말도 이제 옛말이 되었죠. 작가가 만들어낸 스토리, 말하자면 재미난 이야기가 사회의 다양한 분야에서 엄청난 부가가치를 창출하는 소중한 자원이 되었거든요.

조앤 롤링은 셰익스피어와 같이 위대한 문학가는 아니지만, 유럽의 역사와 판타지를 아우르는 뛰어난 스토리텔러랍니다. 게다가 조앤 롤링은 소설의 성공을 영화로까지 연결짓는 콘텐츠의 힘을 지니고 있어요.

조앤 롤링은 말했어요. "세상을 바꾸는 데는 마법이 필요하지 않습니다. 그 힘은 이미 우리 내면에 존재합니다. 우리에게는 더 나은 세상을 상상할 힘이 있습니다."

여러분도 조앤 롤링처럼 세상을 놀라게 하는 21세기 스토리텔러가 되고 싶지 않은가요? 그럼 저를 따라오세요.

2013년 여름 최가영

3

Joanne K. Rowling

해리포터를 수정할 계획은 전혀 없습니다

4

Joanne K. Rowling

조앤 롤링처럼 작가를 꿈꾼다면

작가 진로&직업 탐구

Alohomora!
열려라, 인생의 문!

1

정말 재미있구나!
조, 아주 잘 썼어

세상은 신기하고
재미난 이야기로 가득해

"어머니는 집안일을 마치고 난 뒤에는
언제나 책을 펼쳐 들곤 하셨어요."

조앤 롤링

딸들에게 책 읽어 주는 것을 좋아했던 엄마 덕분에 조앤은 아기였을 때부터 수많은 이야기들에 둘러싸여 자랐어요. 대여섯 살부터 어린 동생에게 토끼 이야기를 지어 내서 들려주던 꼬맹이, 조앤의 꿈은 작가가 되는 것이었답니다. 하지만 쉿! 그녀가 작가를 꿈꾸는 건, 아직 아무도 몰라요.

궁금함을 못 참는 엉뚱한 아이

영국 북동부의 작은 도시 예이트Yate에 스무 살을 갓 넘긴 젊은 부부가 이사를 왔어요. 런던에서 아브로스로 가는 기차 안에서 만나 열애 끝에 결혼에 골인한 피트 롤링과 앤 롤링 부부였지요. 피트는 항공기 엔진 제작업체에서 일하는 성실한 기술자였고, 앤은 요리를 좋아하고 책 읽기가 취미인 평범한 주부였어요.

예이트는 시골에 가까운 한적한 마을이었어요. 두 사람은 자연 가까이에서 전원생활을 즐기고 싶어서 결혼과 함께 이곳으로 왔지요. 그렇다고 그들이 조용하고 정적인 생활을 좋아한 것은 아니었어요. 한가할 때는 비틀스 음악을 크게 틀어놓고 춤을 추거나, 맛있는 음식을 만들어서 이웃과 함께 나눠 먹는 걸 좋아했어요. 부부가 몇 시간이고 정원에 놓아둔 의자에 앉아 책을 읽는 모습은 어느새 예이트 사람들에게 익숙한 풍경이 되었어요.

단출하고 행복하게 지내던 부부에게 1965년 7월 31일, 새로운 가족이 생겼답니다. 부부는 아기에게 '조앤'이라는 이름을 붙여 주었습니다. 그리고 조앤이 세 살이 되었을 때 동생 다이앤이 태어났습니다. 다이앤이 태어나던 날을 조앤은 선명하게 기억한답니다. 그날은 조앤이 태어나 처음으로 고무찰흙을 먹어본 날이었거든요. 아빠가 거실에서 놀고 있는 조앤의 손에 물렁물렁한 덩어리를 쥐어 주었습니다.

정말 재미있구나! 조, 아주 잘 썼어

"조, 오늘은 어른들이 많이 바쁘단다. 넌 여기서 이것 가지고 얌전히 놀고 있어. 알았지?"

아빠는 "피트! 아기가 태어났어요!"라는 소리를 듣자마자 엄마가 누워 있는 방으로 뛰어가 버렸어요. 조앤은 살며시 손바닥을 펼쳤어요. 손에는 조앤이 손가락으로 누른 모양 그대로 덩어리가 놓여 있었어요. 순간 조앤의 눈이 반짝 빛났어요. 조앤은 고무찰흙을 지렁이처럼 만들었어요. 정원에서 본 적 있는 지렁이처럼 꿈틀거리는 모양을 흉내 내다보니 맛은 과연 어떨지 몹시 궁금해졌답니다. 조앤은 고무찰흙 지렁이를 천천히 입에 집어넣었어요.

주위 어른들은 롤링 부부의 두 번째 아기의 탄생을 축하하느라 부산스러웠어요. 하지만 조앤은 동생이 태어난다는 것이 어떤 의미인지 몰랐어요. 그 동생이 앞으로 조앤이 글을 쓰는 데 가장 큰 힘이 되어줄 사람이라는 것도 당연히 알 수 없었을 테죠. 그저 이 고무찰흙 지렁이는 맛이 텁텁하고 이상하다는 생각만 할 뿐입니다.

자연과 책을 양분으로 자라다

조앤이 네 살, 다이앤이 아장아장 걸음마를 하는 두 살 무렵에 아빠 피트는 개발이 한창 진행되어 제법 도시 티가 나는 예이트를 떠나 근처에 있는 윈터본Winterbourne이라는 시골마을로 이사 가기로 했어요. 윈터본의 니콜라스 레인이라는 동네에 있는 아담한 벽돌

집이 마음에 쏙 들었기 때문이지요. 아빠는 두 딸에게 이사 소식을 알리면서 덧붙여서 말했어요.

"너희들이 들판에서 뛰어놀며 자라는 게 아빠 엄마의 꿈이란다."

조앤과 다이앤은 아직 어려서 이사가 뭔지 몰랐어요. 단지 뛰어놀 수 있는 들판이 있다는 사실에 들떴을 뿐이에요. 아빠는 온 가족이 오붓하게 둘러앉아 식사를 하고, 함께 음악을 듣거나 산책을 하며 이야기 나누는 것을 최고의 행복으로 여겼어요. 조앤과 다이앤도 다정다감한 아빠를 아주 좋아했답니다. 밖에서 놀다가도 아빠가 집에 오셨다는 얘기를 들으면 곧바로 집으로 뛰어갔어요.

하지만 아빠는 회사 일로 바빴고, 일찍 퇴근하는 날이 그리 많지 않았어요. 그래서 엄마인 앤이 주로 딸들을 돌보는 날이 많았답니다. 활달하고 쾌활한 성격을 지닌 앤은 깔끔하게 살림하고 아이들을 키우는 데 모든 에너지를 쏟아 부었어요.

앤은 독서광이었어요. 손에 닿는 대로 다양한 종류의 책을 읽는 일에 열광했답니다. 덕분에 고전 문학부터 전기, 역사, 연애소설, 무서운 이야기, 추리소설에 이르기까지 온갖 이야기를 담은 책이 방마다 넘쳐났지요. 윈터본에서 이렇게 책이 많은 집은 찾아보기 어려웠어요. 마치 마을 도서관처럼, 사람들이 책을 빌리러 조앤의 집으로 오는 일이 많았지요.

그래서 조앤은 갓난아기 때부터 책 속에 파묻혀서 자랐어요. 어디든 손만 뻗으면 책이 잡히니, 책을 장난감처럼 갖고 놀았죠. 엄마

정말 재미있구나! 조, 아주 잘 썼어

는 조앤과 다이앤이 말을 알아듣기 시작할 때부터 딸들에게 책 읽어 주는 것을 좋아했어요. 혼자 읽는 것도 좋지만 누군가와 함께 읽으며 감동을 나누는 일도 행복하다는 것을 알고 있었거든요. 게다가 책 읽기가 아이들을 건강하게 자라게 해 준다고 믿었어요.

"자, 얘들아, 오늘은 엄마가 뭘 읽어 줄까?"

엄마는 두 딸이 밖에서 뛰어놀다 들어오면 언제나 인사 대신 이렇게 말했답니다. 조앤과 다이앤은 엄마와 함께 책 읽는 시간이 밖에서 뛰어노는 시간만큼이나 즐거웠어요. 얼른 집에 가서 엄마가 읽어 주는 리처드 스캐리의 토끼 이야기가 듣고 싶어서 조바심이 날때도 있었어요. 토끼를 주인공으로 한 이야기를 많이 쓴 리처드 스캐리는 조앤이 가장 좋아하는 동화 작가였어요. 엄마가 책을 읽어주실 때마다 조앤의 마음속에는 리처드 스캐리처럼 토끼 이야기를 재미나게 쓰고 싶다는 생각이 무럭무럭 자라났답니다.

조앤의 첫 번째 작품 『토끼』

엄마가 다른 일로 바빠서 책을 읽어 줄 수 없었던 어느 날, 조앤은 심심해하는 다이앤에게 이야기를 들려주기로 마음먹었답니다. 조앤은 목소리를 가다듬고 자신을 초롱초롱한 눈으로 바라보는 다이앤의 머리를 쓰다듬었어요. 엄마가 책을 읽어 줄 때 하는 것처럼요. 다이앤이 재미있어 할지, 시시하다고 할지 걱정 반 설렘 반의 두근거리는 마음으로 입을 열었어요.

"옛날에 토끼가 살았어. 그런데 그만 홍역에 걸렸지 뭐야. 밖에도 못 나가고 집에 누워 있어야 했어. 그랬더니 토끼를 걱정하던 땅벌 아가씨가 문병을 왔어. 다른 동물 친구들도 토끼를 찾아왔어."

조앤은 얼마 전에 홍역을 앓았던 일을 생각하면서 이야기를 지어 냈어요. 그런데 다이앤의 표정이 심각했어요. 커다란 갈색 눈을 동그랗게 뜨고 조앤의 한마디 한마디에 귀를 기울이는 거예요. 조앤이 잠깐 머뭇거리면 그 다음에 무슨 일이 일어났는지 알려달라고 성화였어요. 조앤은 이야기를 들려주는 일이 무척 재미있었어요.

'이래서 엄마가 우리한테 책 읽어 주는 것을 좋아하시는구나.'

조앤은 자기도 모르게 고개를 끄덕였답니다. 그 뒤로도 다이앤은 틈만 나면 홍역에 걸린 토끼 이야기를 들려달라고 졸라댔어요. 조앤은 매번 이야기를 들려줄 때마다 재미있는 사건을 덧붙이거나 바꿔보았어요. 나중에는 다이앤뿐만 아니라 엄마에게도 이야기를 들려주었어요. 엄마 역시 다이앤처럼 귀 기울여 이야기를 들으며 재미있다고 감탄과 칭찬을 아끼지 않으셨죠. 그럴수록 조앤은 이야기를 만들고 들려주는 일이 신 났답니다. 얼마 뒤에 조앤은 '비밀노트'를 하나 마련했어요. 다이앤 때문이지요.

"어제 들려준 얘기 말고 그 전날 들려준 얘기 해 줘."

"아니야, 땅벌 아가씨는 꽃이 아니라 딸기를 가져왔지."

다이앤이 이야기를 듣다가 달라진 부분들을 콕콕 짚어냈거든요.

정말 재미있구나! 조, 아주 잘 썼어

조앤은 비밀노트에 다이앤에게 들려준 이야기들을 모두 적어 두었어요. 말로만 들려주던 이야기를 글로 옮겨 놓고 보니 조앤의 마음은 말할 수 없이 뿌듯했답니다. 이렇게 해서 조앤은 다섯 살에 『토끼』라는 동화를 썼어요. 『토끼』는 조앤 롤링이 쓴 최초의 작품이 되었어요.

조앤은 비밀노트를 아무에게도, 심지어 다이앤에게도 보여 주고 싶지 않았어요. 이것은 이야기를 만들어 내는 작가가 되고 싶다는 꿈을 꾸기 시작하면서 결심한 것이었어요. 아직 어린 조앤에게 '작가'란 간절하게 이루어지기를 소망하는 '크리스마스의 기적'과 같이 멀고 먼 꿈이었어요. 자신의 그 꿈이 너무 소중해서 다른 사람들에게 알리기 두려웠던 거예요.

맛있는 글쓰기

조앤과 다이앤은 하루 중 대부분의 시간을 엄마와 함께 보냈어요. 엄마는 아이들에게 책 읽어 주는 것만큼이나 요리하는 것을 좋아했답니다. 생일 케이크는 물론이고 구운 쇠고기나 닭고기, 다진 양고기 요리, 소시지, 베이컨, 구운 감자, 요크셔식 푸딩을 비롯해서 애플파이, 당밀파이, 초콜릿 에클레어, 잼 도넛, 트라이플, 라이스 푸딩 등등 영국의 전통요리를 잘 만들었어요.

식료품점에서 사 먹을 수 있는 음식도 있었지만 엄마는 대부분의

조앤 롤링, 스토리텔링의 힘을 보여 줘

음식을 직접 요리했어요. 엄마는 온 가족이 함께하는 식사 시간이 늘어날수록 아이들의 마음도 행복하게 자란다는 것을 알고 있었거든요.

식사 시간에 조앤과 다이앤은 그날 재미있게 놀았던 일, 친구와 다퉜던 일, 들판을 뛰어다니며 느낀 것들을 이야기하곤 했어요.

조앤이 어렸을 적인 1970년대는 텔레비전이 한창 보급되어 인기를 끄는 시대였어요. 조앤 또래 대부분의 아이들은 저녁 시간을 텔레비전 앞에서 보냈답니다. 부모님들도 아이들과 대화를 하기보다는 텔레비전을 보다가 잠이 들곤 했지요. 하지만 조앤과 다이앤은 엄마와 책을 읽거나 엄마 아빠와 함께 식사를 하면서 이야기꽃을 피웠어요. 온 가족이 모여서 맛있는 음식을 만들어 먹는 경험은 조앤의 마음속에 가장 아늑하고 따뜻한 이미지로 기억되었어요.

그래서인지, '해리 포터' 이야기에도 식사 장면이 자주 나온답니다. 호그와트 마법학교 연회장에서 온갖 맛좋은 음식들을 먹으며 해리 포터와 친구들은 유쾌한 이야기를 나누거나 심각한 문제를 토론하고, 때로는 싸우기도 해요. 해리는 식사 시간을 기다리고, 허겁지겁 배를 채우며 행복을 느낍니다. 호그와트에 입학한 후 처음 맞는 식사 장면은 해리에게 음식이 어떤 의미인지 잘 알게 해 주지요.

"해리는 입이 딱 벌어졌다. 앞에 있는 접시들에는 어느새 음식이 산더미같이 쌓여 있었다. 그는 한 테이블에 먹고 싶은 음식이 그

정말 재미있구나! 조, 아주 잘 썼어

렇게 많이 차려져 있는 걸 한 번도 본 적이 없었다. 구운 쇠고기,
구운 닭고기, 돼지 갈빗살과 양 갈빗살, 소시지, 베이컨과 스테이
크, 삶은 감자, 구운 감자, 감자튀김, 요크셔푸딩, 콩, 당근, 그레이
비소스, 케첩, 그리고 이유는 모르겠지만 페퍼민트 박하사탕까지
없는 게 없었다.… 해리는 박하사탕을 빼고는 모든 음식을 조금씩
접시에 잔뜩 담은 뒤 먹기 시작했다. 뭐든지 정말 맛있었다."

『해리 포터와 마법사의 돌 1』, 177쪽

이렇게 음식들을 실감나게 그려낸 덕에, 그 음식들을 맛있게 먹
는 해리의 모습은 어린이 독자들에게 저절로 군침이 돌게 만들었어
요. 반면에 해리가 자신을 못살게 구는 두들리 가족과 식사를 하는
장면에는 구박받는 해리의 신세가 아주 잘 드러나지요.

"해리는 달걀과 베이컨이 담긴 접시들을 식탁에 놓으려 했지만,
선물들이 쌓여 있어 놓기가 힘들었다. 두들리는 그동안 선물 개수
를 세고 있었다. 그의 표정이 갑자기 어두워졌다.… 해리는 거대
한 몸집의 두들리가 곧 짜증을 부리리라는 걸 알았으므로, 두들리
가 식탁을 뒤집어엎을 경우를 생각해, 되도록 빨리 먹으려고 베이
컨을 입에 마구 쑤셔 넣기 시작했다."

『해리 포터와 마법사의 돌 1』, 39쪽

꼬마 스토리텔러의 비밀노트

"우선 빗자루로 쓸 막대가 필요해. 이안, 너는 창고를 뒤져 봐. 그리고 디_{다이앤의 애칭}는 나랑 같이 엄마 예복 상자를 찾아보자. 좀 있다가 다시 여기서 만나는 거야."

조앤은 눈을 반짝이며 친구들을 둘러보았어요. 동생인 다이앤, 이웃집 친구인 이안 포터와 비키 포터, 그리고 크리스토퍼 화이트는 진지한 표정으로 고개를 끄덕였어요. 잠시 뒤에 옷과 막대를 챙겨온 친구들 앞에 다시 조앤이 나섰어요.

"이안과 크리스토퍼는 마법사고, 디와 비키는 나랑 같은 마녀야."

조앤이 커다란 상자를 가져와서 주문을 외우며 마법의 약을 만드는 동안, 각자 집에서 챙겨온 검은 옷을 걸친 아이들은 진지한 표정으로 조앤을 에워쌌어요. 잠시 뒤 조앤이 작은 병에 담긴 마법의 약을 아이들에게 나눠주었어요.

"모두들 한꺼번에 이 약을 마시는 거야. 그럼 우리 모두 쓰러질 때까지 춤을 추게 돼."

아이들은 침을 꼴깍 삼키며 조앤이 나눠준 병을 받았어요. 모두 약을 삼키는 시늉을 하고는 까르르 웃으며 춤 추기 시작했어요.

조앤은 책을 읽고 글 쓰는 일도 재미있어 했지만, 무엇보다도 노는 것을 좋아했어요. 집 안에 장난감이 별로 없었지만 그건 문제가 되지 않았어요. 조앤은 놀이를 직접 만들어냈거든요. 어디에서 놀

정말 재미있구나! 조, 아주 잘 썼어

든 조앤은 자신이 만든 이야기를 친구들에게 들려주고 각자의 역할을 정해서 역할극을 했어요. 조앤의 머릿속에는 신기하게도 온갖 놀잇거리들이 샘물처럼 솟았어요.

마법사놀이도 그 중 하나였죠. 조앤이 처음 얘기할 때는 다들 시큰둥했지만, 마법사 놀이를 한번 해 보고 나서는 모이기만 하면 마법사 놀이를 하자고 조앤에게 졸라대곤 했어요.

조앤과 다이앤은 캐슬린 할머니 댁에 가는 날도 손꼽아 기다렸어요. 캐슬린 할머니는 아빠의 어머니, 그러니까 친할머니예요. 캐슬린 할머니는 웨스트무어에서 '글렌우드'라는 식료품점을 하셨답니다. 조앤과 다이앤은 먹을거리가 가득한 할머니의 가게에서 종일 놀았었어요. 콩조림 깡통, 정어리 통조림과 수프 통조림, 온갖 종류의 사탕과자를 가지고 진짜 시장 놀이를 할 수 있는 기회를 조앤이 놓칠 리 없었지요.

"어서 오세요."

조앤이 진열대 앞에 서서 경쾌하게 인사를 하면 다이앤이 거들먹거리며 가게에 들어오는 것으로 시장 놀이가 시작돼요. 다이앤은 할머니의 손가방을 팔에 걸치고 우아하게 말해요.

"여기 있는 통조림들 하나씩 다 주시고요. 아, 저기 마시멜로 한 통이랑 산딸기 사탕도 한 통 주세요. 아 그리고 또…."

조앤과 다이앤은 가게 주인과 손 큰 손님 역할을 몇 시간이고 지치지도 않고 했어요. 시장 놀이가 시들해지면 조앤은 가게 안에 있는 과자와 사탕을 맛보며, 세상에 없는 아주 신기하고 멋진 과자와 사탕을 상상하는 놀이를 했어요. 어쩌면 이때부터 개구리 초콜릿이나 버터맥주, 온갖 맛이 나는 젤리를 상상했는지도 몰라요.

마법사 놀이든, 시장 놀이든 조앤이 만들어낸 놀이는 뭐든 재미있어서 다이앤과 친구들은 틈만 나면 조앤을 따라다녔어요. 물론 가끔 조앤이 마음에 안 드는 역할을 멋대로 시켜서 티격태격 다투는 때도 있었지만요. 친구인 이안 포터는 이런 조앤을 얄밉게 여겨서 가끔 골탕을 먹이곤 했어요.

"모양은 이래도 진짜 맛있어."

이안은 조앤에게 손바닥을 내밀었어요. 손바닥 위에는 민달팽이 한 마리가 꿈틀거리고 있었어요. 조앤은 얼굴을 잔뜩 찌푸렸어요.

"거짓말! 이걸 어떻게 먹어?"

하지만 이안은 능청스러운 표정을 지으며 먹는 시늉을 했어요.

"이거 통통하고 즙이 많아서 얼마나 맛있는데. 아마 한번 먹으면 너도 반할걸?"

조앤은 기겁을 하며 달아나 버렸답니다.

조앤은 친구들과의 놀이들을 비밀노트에 적어두었어요. 그 덕분에 조앤은 어른이 된 뒤에도 어린 시절의 이야기들을 어제 일처럼 생생하게 기억해낼 수 있었어요. 심지어 열한 살 때까지 조앤 자신이 경험했던 사건은 물론이고 그때의 느낌들도 생생히 되살릴 수 있었지요.

정말 재미있구나! 조, 아주 잘 썼어

꿈은
만들어가는 거야

"저는 늘 무엇이든 잘해야 하고 항상 맨 먼저 손을 들어야 하고

늘 옳아야 한다고 생각했어요."

조앤 롤링

초등학교에 들어간 조앤은 매일매일 신나기만 할 줄 알았어요. 하지만 새
로 전학 간 학교에서 아주 무서운 선생님을 만났어요. 야단맞는 게 싫어
공부벌레가 된 조앤, 하지만 모험과 공상을 즐기며 마음의 키를 쑥쑥 키워
갔어요. 그녀의 비밀노트도 점점 두꺼워졌고요.

학교는 정말 즐거워

조앤이 세인트 미카엘 초등학교 St Michael's Primary School에 입학했어요. 초등학교에 가는 날만을 손꼽아 기다리던 조앤은 빨간색과 회색이 어우러진 교복을 입고 드디어 학교에 가게 되었답니다. 친구들과 선생님 모두 조앤에게 친절했고, 조앤은 얼른 친구들과 친해지고 싶었어요. 그런데 점심시간이 되었을 때 조앤은 울음을 터뜨리고 말았지요. 엄마가 조앤을 데리러 왔기 때문이에요. 재미있고 신 나는 일이 일어날 거라고 잔뜩 기대했는데, 벌써 집에 가야 한다는 게 속상하고 싫었던 거죠.

"조, 내일도, 모레도 계속 학교에 올 거야. 오늘은 일찍 끝나는 날이라서 지금 집에 가는 거란다."

여기서 잠깐

영국의 학교 제도는 우리나라와 이렇게 달라요

영국의 학교 제도는 우리나라와 다른 부분이 많아요. 우리나라의 초등학교에 해당하는 프라이머리 스쿨(Primary School)은 만 5세에 입학해서 6학년까지 다니면 졸업해요. 그 다음엔 7학년제인 세컨더리 스쿨(Secondary School)에 다니게 되는데, 우리나라의 중·고등학교에 해당하지요. 세컨더리 스쿨 6~7학년이 되면 학생들은 직업교육 과정과 대학준비 과정으로 나누어서 2년간 진로 교육을 받지요. 대부분의 대학교는 우리나라와 달리 3년 과정으로 이루어져 있고 대학원 석사과정도 1년이랍니다. 또 각 학교 입학 시기는 3월이 아니라 9월입니다.

정말 재미있구나! 조, 아주 잘 썼어

엄마 말을 들은 조앤은 그제야 울음을 그쳤어요.

조앤에게 초등학교는 새로운 세상이었어요. 친구들도 많이 생겼지만, 무엇보다 학교에는 집과는 비교가 되지 않을 정도로 책이 많았어요. 조앤은 친구들과 어울려 놀러 다니랴, 책 읽으랴 바쁜 나날을 보냈답니다.

엄마, 제 책을 출판해 주실래요?

학교에서 돌아오면 조앤은 리처드 스캐리의 동화책을 읽었어요. 하도 많이 읽어서 책이 너덜너덜해졌지만, 읽어도 읽어도 싫증나지 않았거든요. 어느 날 조앤은 여느 때처럼 학교에 다녀와서 리처드 스캐리의 동화책을 읽고 있었어요. 그때 다이앤이 발갛게 상기된 얼굴로 쿵쾅거리며 뛰어왔어요.

"언니, 나 포터네 집에 있는 플럼프한테 풀 먹여 주고 왔다."

플럼프는 이웃집의 이안 포터가 키우는 얼룩 토끼 이름이에요. 그때 조앤의 머릿속에 좋은 생각이 떠올랐어요.

"디, 언니가 재미있는 이야기 하나 해 줄까?"

다이앤은 고개를 끄덕이며 조앤 곁에 다가와 앉았어요. 조앤은 잠시 생각을 정리하고는 입을 열었어요.

"디가 숲속에 놀러갔어. 한참을 신 나게 뛰어놀았지. 그런데 집으로 돌아오는 길에 그만 토끼 굴에 빠져 버렸지 뭐야."

"토끼?"

다이앤이 눈을 동그랗게 뜨고 물었어요.

"그래, 플럼프 같은 얼룩 토끼 집이었어. 디는 얼얼한 엉덩이를 어루만지면서 엉엉 울음을 터뜨렸대. 그렇게 한참을 울고 있는데 어디선가 달콤한 산딸기 냄새가 나는 거야."

"아, 산딸기 먹고 싶다."

다이앤이 입맛을 다시며 조앤의 이야기에 끼어들었어요. 조앤은 이야기를 계속했어요.

"눈물을 닦고 디가 고개를 들어 보니 얼룩 토끼 가족이 거기 있지 뭐야. 산딸기를 한 바구니 가득 들고 말이지. 그중 귀여운 아기 얼룩 토끼가 디에게 다가왔어. 보송보송한 손으로 눈물을 닦아주고는 산딸기 한 바구니를 디에게 대접했대."

다이앤의 입이 함지박만 하게 벌어졌어요.

"우와, 산딸기 먹고 엉덩이 아픈 것도 다 나았겠다. 그치?"

조앤은 웃으면서 고개를 끄덕였어요. 다이앤은 갑자기 벌떡 일어나서 방을 나가며 말했어요.

"엄마한테 딸기 파이 해 달라고 해야지."

방을 나가는 다이앤의 뒷모습을 바라보던 조앤은 침대 밑에 숨겨 놓았던 비밀노트를 꺼내들었어요.

"이번엔 토끼 굴에 떨어진 디의 다음 모험 이야기를 써 볼까?"

조앤은 침대에 엎드려서 진짜 작가가 된 기분으로 글을 쓰기 시

정말 재미있구나! 조, 아주 잘 썼어

작했답니다. 며칠 뒤 조앤은 등 뒤에 뭔가를 숨긴 채 엄마 곁을 얼쩡거렸어요. 엄마는 아무리 집안일이 바빠도 아이들이 뭔가 얘기를 하면 당장 멈추고 이야기를 들어 주곤 했어요. 이번에도 어김없이 엄마는 하던 일을 멈추고 조앤을 바라보았어요.

"무슨 일이야? 조? 뒤에 숨긴 건 뭐지?"

조앤은 얼굴이 빨개져서 머뭇거리다가 들고 있던 노트를 내밀며 자신 없는 목소리로 중얼거렸어요.

"엄마, 읽어 보셔도 돼요."

노트를 열어본 엄마의 눈이 휘둥그레졌어요. 노트 안에는 조앤의 앙증맞은 글씨가 빼곡히 적혀 있었거든요. 엄마는 조앤이 펼쳐 준 페이지를 곧장 읽기 시작했어요. 조앤은 글을 읽는 엄마의 얼굴을 유심히 살폈어요. 엄마는 웃음을 지었다가 놀라는 표정이 되기도 하고 궁금한 듯 다음 페이지로 눈길을 옮기기도 했어요. 잠시 뒤 노트를 덮은 엄마가 한숨을 쉬었어요. 조앤은 조마조마한 마음으로 엄마가 무슨 말을 할지 기다렸죠. 그런데 엄마가 갑자기 조앤을 꼭 끌어안으며 소리쳤어요.

"정말 재미있구나. 굉장해! 조, 아주 잘 썼어."

엄마의 칭찬에 의기양양해진 조앤은 엄마에게서 공책을 돌려받으며 조그마한 소리로 속삭였어요.

"그럼 엄마가 책으로 만들어 주시면 안돼요?"

"응?"

엄마는 조앤의 말을 못 들어서 되물었어요. 그러자 조앤은 화들짝 놀라며 얼버무렸어요.

"아, 아니에요. 헤헤헤."

조앤은 가슴이 두근거렸어요. 이야기를 만들어서 글을 쓰는 일은 정말 재미있었어요. 게다가 그렇게 만든 이야기를 누군가가 재미있게 읽는다는 것은 더욱 커다란 기쁨이었어요. 이야기의 힘은 정말 대단하다고 생각했어요. 사람들은 이야기를 읽으며 기쁘기도 하고 슬프기도 하고 행복하기도 하고 배가 고프기도 해요.

조앤은 세상의 모든 이야기들을 다 알고 싶었어요. 그리고 사람들을 즐겁게 하는 이야기를 쓰고 싶어졌어요. 비록 지금 조앤의 독자는 다이앤과 엄마뿐이었지만 조앤은 자기가 쓴 이야기가 출판되어 수많은 사람들이 읽고 행복해 할 날을 꿈꾸기 시작했어요.

나는 공동묘지가 좋아!

조앤이 아홉 살이 되었을 때, 아빠는 다시 한 번 이사를 하기로 결정했어요. 한때 시골 풍경을 간직하고 있던 윈터본도 이제는 회색빛으로 물든 신도시가 되어 버렸기 때문이에요. 조앤 가족은 잉글랜드와 웨일즈의 경계에 있는 텃실Tutshill로 이사를 갔어요. 와이 강과 세번 강이 양쪽으로 흐르고 느릅나무, 너도밤나무, 소나무가 울창하게 우거진 신비로운 숲이 있는 마을이었답니다.

정말 재미있구나! 조, 아주 잘 썼어

조앤 가족은 1852년에 지어진 이래 오랫동안 목사관으로 이용되어서 '처치 코티지Church Cottage'라는 이름이 붙은 고택에서 살게 되었어요. 아치형 천장과 계단 아래 자리 잡은 찬장, 돌벽 사이로 난 창문, 1층 바닥에서 지하실로 연결되는 문, 아늑한 다락방과 고딕풍 장식들로 가득한 이 집은 조앤의 상상력에 날개를 달아 주었답니다.

조앤은 새로 이사한 집도, 마을도 마음에 쏙 들었어요. 그중에 특별히 조앤이 좋아했던 곳은 바로 집 근처에 있는 공동묘지였답니다. '처치 코티지'라는 이름이 말해 주듯, 조앤의 집 옆에는 성 누가 교회가 있었어요. 영국의 교회에는 항상 공동묘지가 딸려 있어요. 물론 성 누가 교회에도 공동묘지가 있었답니다.

"조앤, 밤마다 유령이 나타나면 어떻게 하냐?"

'묘지'라고 하면 유령부터 떠올리는 친구들은 조앤의 집 가까이에 공동묘지가 있다는 것만으로도 몸을 떨며 무서워했어요. 하지만 조앤은 유령 따위에는 관심도 없다는 듯, 틈만 나면 공동묘지로 달려가서 몇 시간이고 어슬렁거렸답니다. 겁 많은 다이앤은 그런 언니가 무섭게 느껴졌어요.

어느 날 다이앤은 공동묘지에서 돌아오는 조앤에게 물었어요.

"언니는 공동묘지가 무섭지도 않아? 왜 틈만 나면 거기에 가?"

조앤은 킥킥거리며 다짜고짜 다이앤의 손을 잡고 집을 나섰어요.

"어, 어, 언니, 왜 이래? 어디 가?"

조앤이 얼굴 가득 장난스러운 표정을 지으며 다이앤을 데려간 곳

조앤이 가장 좋아했던 동화 작가 리처드 스캐리의 토끼 이야기

조앤이 아홉 살 때 이사 와서 대학교에
진학하기 전까지 살았던 팃실의 집

조앤이 살았던 팃실의 아름다운 숲과 강

은 공동묘지였어요. 다이앤은 조앤의 손을 뿌리치며 이가 딱딱 부딪힐 정도로 덜덜 떨었어요.

"뭐야, 언니! 난 무서운 텐 딱 질색이라고!"

조앤은 어느 비석 앞으로 걸어가더니 다이앤을 손짓으로 불렀어요. 다이앤은 주춤주춤 조앤 곁으로 다가갔어요. 조앤은 눈으로 비석을 쓱 훑어보고는 이야기를 시작했지요.

"옛날에 엠마라는 여자가 살았어. 요리 잘하기로 소문난 여자였지. 그런데 어느 날 엠마는 자기가 만든 요리를 먹고 죽고 말았어."

"저, 정말이야?"

다이앤은 새파랗게 질려서 소리를 질렀어요. 하지만 조앤은 태평하게 다이앤을 바라보았어요. 다이앤은 다급하게 물었어요.

"어떻게 자기가 만든 음식을 먹고 죽을 수가 있어? 도대체 엠마한테 무슨 일이 일어난 거야?"

조앤은 아무렇지도 않게 대답했어요.

"그야 나도 모르지."

다이앤이 황당한 표정을 짓자, 조앤은 빙그레 웃으며 말했어요.

"거기까지만 이 비석에 적혀 있거든. 이거 봐봐, 디. 비문을 읽어 보면 여기 묻힌 사람의 이름도 알 수 있고 그 사람이 어떤 사람이었는지, 어떤 일을 겪었는지 알 수 있어. 그 다음 일은 마음껏 상상하면 되는 거야. 어때? 재미있지?"

다이앤은 그제야 안도의 한숨을 내쉬면서 조앤의 손을 꼭 잡았어요. 집으로 돌아오는 길에 다이앤이 말했어요.

"그래도 난 공동묘지가 무서워. 꼭 유령이 지켜보는 것 같다고."

조앤은 씩씩하게 대답했어요.

"대낮인데 어때? 낮에는 유령이 안 나온다고! 그리고 공동묘지가 얼마나 조용한데. 책 읽기에 딱이야!"

다이앤은 어처구니없다는 표정을 지으며 소리쳤어요.

"언니!"

조앤은 어떤 것에 관심이 생기면 반드시 그 호기심을 채워야만 했어요. 그것이 보통 사람들은 꺼려하거나 무서워하는 공동묘지여도 상관없었지요.

조앤은 사람의 이름은 물론이고 사물이나 지역의 이름까지 모든 이름들을 좋아했어요. 이름에는 그것의 역사와 이야기가 담겨 있기 때문이에요. 조앤은 재미있는 이름, 신기한 이름을 발견하면 곧 노트에 적어두곤 했어요. 오늘처럼 공동묘지에 다녀온 날에는 노트에 적을 것이 더 많았지요. 조앤은 묘비에 새겨진 이름과 그 사람이 생전에 겪은 일을 메모하고 그것을 바탕으로 이야기를 만들며 공상에 푹 빠지곤 했답니다.

궁금한 것은 못 참는 조앤이 재미있는 것, 알아 두어야 하는 것을 무조건 메모했기 때문에, 어느덧 수많은 노트와 메모지가 담긴 상자가 차곡차곡 쌓여갔어요. 훗날 조앤이 글쓰기를 할 때 이 메모상자들은 최고의 보물창고가 되었지요.

정말 재미있구나! 조, 아주 잘 썼어

악몽 같은 학교

자기가 좋아하는 일을 할 때는 용감하고 적극적이었지만, 조앤은 본래 수줍음을 많이 타고 낯가림도 심한 아이였어요. 이런 조앤에게 정든 학교를 떠나 낯선 학교로 전학 가는 건 아주 고통스러운 일이었답니다.

텃실 초등학교에 전학 간 첫날, 조앤은 진한 푸른색 교복이 너무 칙칙해서 우울했어요. 게다가, 험상궂은 표정을 짓고 있는 땅딸막한 여자 선생님을 보자마자 조앤은 자기 학교생활이 끔찍할 거라고 확신했답니다. 그 분은 조앤의 담임을 맡은 실비아 모건 선생님이었습니다. 나중에 알았지만 조앤과 같은 반 아이들 중에는 담임선생님이 모건 선생님이라는 사실을 알고 울음을 터뜨린 아이도 있었답니다. 그만큼 모건 선생님은 모든 아이들에게 공포의 대상이었어요.

"오늘 전학 온 조앤 롤링이다. 아무 자리에나 앉으렴. 그리고 오늘도 '매일 열 문제' 시험을 보도록 하겠다."

여기저기서 '어휴' 하고 투덜거리는 소리가 들려왔어요. 조앤은 마음속에 커다란 돌덩어리가 쿵 내려앉는 기분이었답니다. 학교도 낯설고 무서운데 시험까지 본다니 눈앞이 캄캄했죠. 불길한 예감은 시험지를 받아들자 현실이 되었어요.

'이건 안 배운 건데.'

조앤은 머릿속이 하얘지는 것 같았어요. 수학 시험지에는 예전 학교에서 배운 적 없는 분수 문제가 가득 채워져 있었거든요. 그때 모건 선생님이 조앤 옆에 멈춰 섰어요. 조앤은 고개도 들지 못하고 숨죽이며 선생님이 빨리 지나가기만을 기다렸어요.

"쯧쯧."

선생님이 혀를 차는 소리가 들렸어요. 그 순간 조앤은 개미만큼 작아지는 기분이었어요. 시험이 끝나고 아이들의 시험지를 모두 채점한 모건 선생님이 말했어요.

"조앤 롤링, 저쪽에 가서 앉아라."

조앤은 모건 선생님이 가리키는 쪽을 바라보았어요. 교실의 제일 뒷줄 오른쪽 끝자리였어요. 자리를 옮길 때 조앤은 아이들의 키득거리는 웃음소리를 들었어요. 나중에야 알게 된 사실이지만 그 자리는 반에서 가장 공부를 못하는 아이가 앉는 자리였답니다. 모건 선생님은 '매일 열 문제 시험'을 봐서 아이들을 성적순으로 앉히는 것으로 악명 높은 선생님이었어요. 조앤은 친구들 앞에서 얼굴을 들 수가 없었어요. 특히 자신을 한심한 열등생 보듯 바라보는 모건 선생님의 눈길은 견딜 수가 없었어요.

모건 선생님은 주눅 든 학생의 마음을 이해하고 보듬어 주는 따뜻한 분이 아니었어요. 오히려 툭하면 아이들 앞에서 조앤에게 망신을 주곤 했답니다. 조앤은 손재주가 없어서 공예나 자수 과목을 잘하지 못했어요. 모건 선생님은 조앤의 자수 작품을 아이들한테

정말 재미있구나! 조, 아주 잘 썼어

보여 주면서 비웃듯이 말하곤 했어요.

"이것 좀 봐. 누가 이걸 여학생의 자수 실력이라고 믿겠니?"

그럴 때면 정말이지 조앤은 책상 밑으로라도 기어들어가고 싶었답니다. 이런 경험들은 훗날 조앤의 이야기 속에서 음침하면서도 무서운 기숙학교의 모습으로 되살아납니다.

텃실 초등학교에 전학 온 뒤 조앤은 많이 달라졌어요. 놀기 좋아하고 책 읽기 좋아하던 조앤이 공부벌레가 되어버렸거든요.

"선생님이 나를 잘못 생각했다는 걸 꼭 보여 주고야 말겠어."

선생님의 무시와 괴롭힘이 심해질수록 조앤은 공부에 악착같이 매달렸어요. 매일 열 문제 시험에서 좋은 점수를 받아서 앞자리에 앉고 싶었거든요.

"조앤 롤링은 이쪽에 앉도록 해."

드디어 조앤이 교실 왼쪽 앞자리에 앉게 되었어요. 하지만 목표를 이룬 조앤은 마냥 기쁘지만은 않았답니다. 그 자리는 바로 조앤의 단짝 친구 자리였거든요. 조앤은 졸지에 친구를 끌어 내리고 그 자리를 차지한 배신자가 되고 말았답니다. 이제 조앤은 모건 선생님의 괴롭힘 대신 친구들의 따돌림과 싸워야 했답니다.

"하여간, 모건 선생님은 내 인생에 도움이 안 된다니까!"

조앤은 머리를 쥐어뜯으며 한숨을 쉬었어요.

모험과 사랑에 빠지다

모건 선생님의 괴롭힘으로부터 벗어나기 위해 조앤은 브라우니 활동을 선택했어요. 브라우니는 걸스카우트와 비슷한 활동을 하는 영국의 소녀단이랍니다. 본래 호기심이 많고 감상적인 조앤에게 브라우니 활동은 딱 맞아떨어졌지요. 단체 생활을 통해서 조앤은 친구들 간의 돈독한 우정에 대해 배웠어요. 또 봉사 활동을 하며 나누는 기쁨도 알게 되었어요. 자선기금 모금운동을 하고 마을 사람들을 위한 크리스마스 파티를 열고 교도소 수감자를 위한 연극 공연을 하고 여름에는 아름다운 숲에서 캠핑을 했답니다.

어느 여름날 브라우니 단원들과 캠핑을 하던 조앤은 하늘을 바라보았어요. 붉게 물든 저녁 하늘에 갈까마귀가 맴돌고 있었어요.

"뭐하니, 조앤?"

고개를 젖히고 넋을 놓고 바라보는 조앤에게 친구가 물었어요. 조앤은 손차양을 한 채 꿈꾸는 듯이 대답했어요.

"하늘을 난다는 건 어떤 기분일까? 하늘을 박차고 날아올라서 마음대로 이리저리 날아다닐 수 있다면 어떤 기분이 들까?"

조앤은 자유롭게 하늘을 나는 자신의 모습을 상상했어요. 돌덩어리처럼 마음을 짓누르는 실비아 모건 선생님으로부터 벗어나는 것은 상상만으로도 짜릿하고 즐거웠어요. 조앤은 더욱더 공상에 빠져들었어요. 진짜 새가 된 조앤의 눈 아래로 개미만 한 사람들과 나

정말 재미있구나! 조, 아주 잘 썼어

무들, 지렁이처럼 보이는 시냇물이 펼쳐진 것만 같았어요.

'어디든 마음먹은 대로 갈 수 있다면 난 기꺼이 모험을 떠나겠어.'

브라우니 활동을 통해 조앤은 자기 앞에 펼쳐진 세상이 모험으로 가득 차 있다는 것을 깨달았어요. 그리고 어서 빨리 자신도 모험을 떠나기를 바랐어요.

모험에 대한 열렬한 사랑은 조앤이 즐겨 읽는 책도 바꾸어 놓았어요. 조앤은 C.S. 루이스의 『나니아 연대기』에 푹 빠져들었어요. 집으로 돌아오면 어김없이 두툼한 『나니아 연대기』를 집어 들고 끝없이 펼쳐지는 이야기를 따라 상상 속의 모험을 떠났어요. 그 무렵 조앤은 『일곱 개의 저주받은 다이아몬드』라는 그럴듯한 제목의 단편소설을 쓰기도 했답니다.

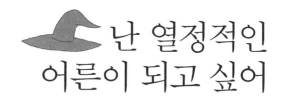

난 열정적인 어른이 되고 싶어

"저는 미트포드의 유머 감각과 독립심을 사랑합니다."

조앤 롤링

여러분에게는 닮고 싶은 사람이 있나요? 조앤에게도 멘토가 생겼어요. 그것도 한 명이 아니라 세 명이나요! 멘토들을 통해 조앤은 자신이 어른이 되었을 때의 모습을 상상하곤 했답니다. 하지만 조앤에게 엄청난 슬픔이 닥쳤어요. 엄마가 불치병에 걸리신 거예요. 세 명의 멘토와 수호천사 같은 친구가 없었다면 조앤은 청소년기를 더 힘겹게 지내야 했을 거예요.

정말 재미있구나! 조, 아주 잘 썼어

괴로운 화학 수업

"이제 해방이다!"

사사건건 조앤을 괴롭혔던 실비아 모건 선생님 덕분에 초등학교를 우수한 성적으로 졸업한 조앤은 와이딘 종합중학교_{Wyedean Secondary School}에 입학했어요. 조앤은 두 팔을 뻗고 소리라도 지르고 싶었어요. 이제는 실비아 모건 선생님을 만나지 않아도 되니까요.

어둡고 칙칙했던 텃실 초등학교와는 달리 와이딘 종합중학교는 현대식 건물에 밝고 깨끗한 학교였어요. 중학생이 된 조앤은 공부벌레, 책벌레라는 초등학교 때 별명에서 벗어나고 싶었어요. 사춘기에 접어든 조앤에게는 학교 공부보다 이 세상이 훨씬 신기하고 궁금했거든요. 수줍음 많았던 조앤의 성격은 어느새 적극적이고 활달하게 바뀌었어요.

그러나 마냥 즐거울 거라고 생각했던 중학교 생활이 상상했던 것과 다르다는 사실을 깨닫는 데까지 그리 오랜 시간이 걸리지 않았어요. 중학교에도 실비아 모건 선생님 못지않게 악명 높은 선생님이 있었거든요.

"조앤 롤링!"

칠판 앞에서 아이들을 둘러보던 존 네틀십 선생님이 조앤을 불렀어요. 아이들은 네틀십 선생님의 수업 시간을 '공포의 화학 시간'이라고 불렀어요. 선생님이 수업 시간 내내 학생 한 사람 한 사람을 불러일으켜 세워서 질문을 했거든요. 조앤은 딱딱하게 굳은 표정으로 자리에서 엉거주춤 일어섰어요. 네틀십 선생님은 조앤을 향해 나지막한 목소리로 말했어요.

"주기율표를 외워 봐라."

아이들이 웅성거리며 책을 뒤적였어요. 옆에 앉은 친구가 조앤 앞으로 화학책을 쓱 내밀어 주었어요. 조앤은 화학책을 힐끔거리며 더듬더듬 주기율표를 외웠어요. 네틀십 선생님은 딱하다는 표정을 지으며 조앤이 주기율표를 모두 읊을 때까지 자리에 세워 두었어요. 조앤은 선생님의 따가운 시선을 견디랴, 티 나지 않게 책상 위의 화학책을 힐끔거리랴, 지옥 같은 몇분을 보내야 했답니다.

조앤은 네틀십 선생님이 싫었지만 화학 공부를 열심히 할 수밖에 없었어요. 네틀십 선생님이 수업시간마다 매번 조앤에게 질문했기 때문이지요. 사실 네틀십 선생님은 조앤이 뛰어난 학생이지만, 영어 이외에는 관심이 없는 것 같다고 생각했어요. 선생님은 조앤이 화학도 열심히 공부해 주기를 바라는 마음에서 조앤에게 질문을 집중한 거예요. 조앤은 네틀십 선생님 덕분에 화학에 흥미를 갖게 되었어요.

그런데 화학 공부를 할 때도 조앤은 그녀다운 엉뚱한 공상에 빠지곤 했답니다.

"이건 마법의 약을 만드는 주문 같네."

조앤은 화학책을 뒤적거리며 중얼거리곤 했다니까요.

정말 재미있구나! 조, 아주 잘 썼어

세 명의 멘토

조앤이 가장 좋아하는 과목은 영어였어요. 데일 뉴치원더라는 젊은 미국인 선생님이 영어 과목을 가르치셨는데, 어느 날 학생들에게 '생존'을 주제로 작문 과제를 내주었어요. 조앤은 〈나의 황량한 섬〉이라는 글을 제출했는데, 그 글을 읽고 뉴치원더 선생님은 깜짝 놀랐어요. 보통 중학생들과는 확실히 다른 창의성이 돋보였기 때문이에요. 뉴치원더 선생님은 조앤에게 가장 높은 점수를 주고 그 뒤로는 계속 조앤을 눈여겨보게 되었답니다.

뉴치원더 선생님은 조앤이 토론 시간에는 흥미를 보이지 않다가 글쓰기 시간이 되면 눈빛이 반짝거린다는 것을 알게 되었어요. 조앤의 재능을 계발해 주고 싶었던 뉴치원더 선생님은 조앤에게 치밀하게 글 쓰는 방법에 대해 많은 것을 가르쳐 주었지요.

조앤이 뉴치원더 선생님께 글쓰기를 배웠다면, 또 다른 영어 선생님인 루시 셰퍼드 선생님으로부터는 어떤 사람이 되어야 하는지에 대해 배웠어요. 셰퍼드 선생님은 아이들에게 늘 말씀하셨죠.

"현대 사회에서는 여성이 능력을 발휘해야 한단다."

셰퍼드 선생님은 조앤이 이제까지 만난 선생님들과 달랐어요. 셰퍼드 선생님은 페미니스트였어요. 그때까지 조앤은 여성운동이 무엇인지, 여성운동을 하는 사람들은 어떤 사람들인지 전혀 몰랐어요. 하지만 셰퍼드 선생님을 통해 '자기 일에 온 힘을 다해 열정적으로 일하는 여성이 가장 아름답다'는 것을 깨닫게 되었답니다. 조앤은 셰퍼드 선생님처럼 자신이 원하는 일을 열정적으로 해서 성공한 사람이 되어야겠다는 꿈을 꾸게 되었어요.

페미니즘에 조금씩 눈을 뜨던 조앤을 결정적으로 사로잡은 새로운 멘토가 나타났어요. 바로 여성운동가인 제시카 미트포드였어요. 조앤이 제시카 미트포드의 자서전인 『딸과 반역자들Daughters and Rebels』이라는 낡은 책을 집어든 것은 순전히 우연이었어요. 처음에는 기분 전환이나 하려고 읽기 시작했지만, 어느덧 제시카 미트포드의 불꽃같은 삶과 사상에 완전히 빠져들고 말았어요.

지치지 않고 여성운동을 했던 제시카 미트포드의 용기와 이상은 조앤이 닮고 싶은 모습 그 자체였습니다. 무엇보다도 조앤이 감동했던 것은 고단한 사회운동가의 삶을 살면서도 퇴색하지 않았던 아름다운 감수성이었어요. 한평생 세상의 편견과 맞서며 살아온 사람의 것이라고는 믿어지지 않을 정도로 제시카 미트포드의 글은 따뜻하고 여린 감성과 유머가 넘쳤어요. 조앤은 그녀의 글을 늘 가슴속에 품고 살았습니다.

인생의 모험을 시작하다

텃실과 와이딘은 아름답고 신비로운 풍경을 간직한 곳이었지만, 사춘기를 겪는 조앤의 눈에는 지루하고 답답한 시골일 뿐이었어

정말 재미있구나! 조, 아주 잘 썼어

요. 조앤은 새로운 활기를 느끼고 싶어서 견딜 수가 없었어요. 와이딘에서 가장 가까운 소도시 콜포드의 영화관까지 가서 영화를 보거나 밤새워 펑크록 그룹인 클래시의 음악을 들었답니다.

"아, 온몸에 전기가 찌릿하게 통하는 느낌이 들어."

클래시의 공연이 열리면 조앤은 만사를 제쳐놓고 친구들과 함께 몰려가곤 했답니다. 음악을 좋아하는 조앤은 댄스에도 열광했어요. 조앤은 그 중에서도 특히 디스코를 좋아했어요. 조앤은 주변의 분위기를 휘어잡을 정도로 디스코를 잘 췄답니다.

음악과 춤을 좋아하는 조앤은 당연히 친구들 사이에서 인기가 많았어요. 하지만 조앤이 친구들을 즐겁게 해 주는 남다른 방법은 역시 '이야기'였어요. 조앤은 친구들이 모인 자리에서 카드 점이나 손금을 봐주면서 그것을 이야기로 꾸며서 들려주곤 했답니다. 조앤의 이야기는 아주 생생하고 재미있어서 이야기를 듣던 친구들은 조앤의 예언이 정말 맞기라고 한 것처럼 울다가 웃곤 했지요. 이때부터 조앤은 스토리텔러의 길을 걷기 시작한 것입니다.

하지만 모든 친구들이 조앤을 좋아한 것은 아니었답니다. 개중에는 시기심에 조앤을 괴롭히고 따돌리려는 아이들도 있었어요.

"너, 놀면서도 공부 잘한다고 잘난 체하지 마라."

"내가 뭘 어쨌다고 그래?"

조앤은 자기보다 한 뼘은 더 큰 여자애를 향해 눈을 부릅뜨고 노려보았어요. 그애는 조앤을 향해 주먹을 쥐고 을러댔어요.

조앤 롤링, 스토리텔링의 힘을 보여 줘

"이 꼬맹이가, 혼 좀 나볼래?"

덩치 큰 여자애가 조앤의 어깨를 툭 쳤어요. 조앤의 몸이 뒤에 있던 사물함 쪽으로 밀려났어요.

"뭐야!"

조앤은 있는 힘껏 여자애에게 주먹을 날렸어요. 여자애가 벌러덩 넘어졌지요. 둘의 싸움을 보고 있던 아이들이 짧게 비명을 질렀어요. 여자애는 자기가 넘어진 것이 황당했던지 벌떡 일어나서 달아나버렸어요. 이 사건 이후 조앤은 친구들 사이에서 영웅이 되었어요. 소문은 점점 부풀려져서 공부와 책 밖에 모르는 자그마한 아이가 자기보다 몇 배는 큰 애를 때려눕혔다는 얘기가 퍼졌어요. 조앤을 보러 아이들이 몰려올 정도였답니다. 하지만, 사실 조앤은 싸울 생각이 없었어요. 사물함 때문에 더 이상 뒤로 물러날 곳이 없어서 얼떨결에 주먹을 휘두른 것뿐이었거든요. 솔직히 조앤은 그 애와 다시 마주칠까봐 한동안 마음을 졸여야 했답니다.

중학교 시절을 보내며 조앤은 자기도 모르는 사이에 조금씩 성장하고 있었어요. 닮고 싶은 멘토를 만났고, 따분한 동네에서 신 나게 놀고 즐기는 경험도 했어요. 이것들은 조앤이 앞으로 어떤 어른이 되고 어떤 삶을 살아야 할지 결정하는 밑그림이 되었답니다.

이제 조앤은 주위에서 자신을 싫어하거나 괴롭히는 사람이 있어도 두렵지 않았어요. 주눅 들거나 미리 피하지 않고 당당하게 맞서면 오히려 멋지게 이겨낼 수 있다는 진리를 깨달았던 것이지요.

정말 재미있구나! 조, 아주 잘 썼어

아이들을 키우는 따뜻한 땅, 엄마

화목하고 따뜻한 가정에서 자란 조앤은 자존감과 자신감이 넘치는 아이였답니다. 이런 조앤의 긍정적인 마음을 더욱 튼튼하게 키워 준 사람이 바로 엄마였어요.

엄마, 앤 롤링은 조앤과 다이앤이 중학교에 입학하자 고민이 생겼어요. 사회 활동을 하고 싶기도 하고, 두 딸과 좀더 많은 시간을 함께 보내고 싶기도 했거든요. 이런 고민에 빠져 있던 엄마의 눈에 확 띄는 소식이 있었어요. 네틀십 선생님이 화학 실험실 조수를 모집한다는 공고였어요. 엄마는 곧장 네틀십 선생님을 찾아갔고 우여곡절 끝에 화학 실험실 조수로 채용되었어요.

조앤과 다이앤은 엄마의 취직을 누구보다도 기뻐했어요. 물론 존 네틀십 선생님의 조수라는 점이 조금 불만이긴 했지만, 엄마를 생각하면 아주 잘된 일이었지요. 더욱이 페미니즘에 심취해 있던 조앤에게 엄마의 취직은 자랑스러운 사건이었답니다.

본래 엄마는 집안일을 척척 해내면서도 짬날 때마다 음악을 틀어 놓고 춤을 추거나 기타를 연주하고, 딸들과 함께 책을 읽고 이야기를 나누는 친구 같은 분이었어요. 이런 엄마와 함께 학교를 다닌다는 건 자매에게는 환상적인 일이었지요.

마을 사람들은 이제 조앤, 다이앤, 그리고 앤이 함께 자매처럼, 친구처럼 거리를 오가는 모습을 날마다 보게 되었어요. 학교가 끝나면 세 사람은 정육점과 채소 가게, 식료품점을 거쳐 오락실까지 들르곤 했답니다. 하루는 세 사람이 학교에서 돌아오는 길에 엄마가 먼저 이야기를 꺼냈어요.

"디, 화학 과목에 새로 오신 선생님 있지? 그 선생님이 애완용 풍뎅이를 키우는데, 크기가 15센티미터 정도 돼. 엄청나지?"

엄마의 이야기를 처음 듣는 다이앤은 입을 쩍 벌렸어요.

"우와, 15센티미터? 풍뎅이가 아니라 괴물 같겠다!"

다이앤이 자기 팔뚝을 들어 보이며 크기를 가늠하는 모습을 보고 조앤은 가까스로 웃음을 참으며 말했어요.

"15센티미터? 엄마, 얼마 전에는 5센티미터라고 했잖아요."

엄마는 조앤을 툭 치고는 말을 계속 이었어요.

"그런데 그게 글쎄 밖으로 기어 나온 거야. 와, 그 엄청난 녀석이 천장으로 책장으로 날아다니다가 창문에 부딪히는데 쾅 쾅 소리가 나더라니까. 풍뎅이 주인인 선생님이 거의 울 것 같은 얼굴로 나한테 풍뎅이 좀 잡아 달라고 하는 거야."

다이앤은 아무 말도 못 하고 침을 꼴깍 삼켰어요. 엄마는 더욱 신이 나서 손짓까지 섞어가며 이야기를 계속했어요.

"얼마나 힘이 세고 난폭한지, 정말 그 녀석 잡는데 혼쭐이 났다고. 다행히 준비실이었으니 망정이지, 아이들 있는 실험실이었으면 어땠을까? 하하하."

조앤은 괴물 같은 풍뎅이와 용감하게 싸우는 엄마의 모습을 상상

정말 재미있구나! 조, 아주 잘 썼어

했어요. 확실히 5센티미터짜리 풍뎅이보다는 15센티미터짜리 풍뎅이가 날아다니는 모습이 더 근사하게 여겨졌지요.

조앤은 언제나 유쾌하고 씩씩한 엄마를 보는 게 좋았어요. 엄마에게는 다른 사람의 기분을 좋아지게 만드는 능력이 있었어요. 눈이 휘둥그레져서 듣고 있는 다이앤과 신이 나서 얘기하는 엄마를 번갈아 보며 조앤은 괴물 풍뎅이와 싸우는 용감한 영웅의 이야기를 써 보고 싶다는 엉뚱한 생각에 빠져들었답니다.

그러던 어느 날, 엄마가 학교 화학 실험실에서 쓰러졌어요. 언제부터인가 엄마가 조금씩 달라지기 시작했다는 것을 조앤은 그제야 생각해냈어요.

학교에서는 시험관을 떨어뜨려 깨뜨린 적이 있어요. 집에서는 차주전자를 떨어뜨리거나 정성스럽게 준비한 요리를 담은 접시를 떨어뜨려서 엉망이 되기도 했어요. 기타를 치다가 손이 아파서 한참 동안 연주를 못 한 적도 있었답니다. 그때까지만 해도 가족들은 엄마가 손이 미끄러져서 실수한 거라고 생각했어요.

엄마는 병원에서 '척수의 단백질이 부족하다'는 진단을 받았어요. 하지만 그것이 어떤 병인지는 아무도 짐작하지 못했답니다. 얼마 뒤에 엄마는 '다발성경화증multiple sclerosis'이라는 진단을 받았어요. 의사 선생님은 엄마의 병에 대해 설명해 주었어요.

"다발성경화증은 중추신경계 질환입니다. 뇌에서 몸의 신경 말단 부위에 전달되는 정보가 혼동을 일으켜 발생하는 병이지요. 이 병에 걸리면 처음에는 물건을 떨어뜨리거나 들어 올리지 못하다가 나중에는 걷지 못하게 되고, 그 뒤에는…."

의사 선생님은 잠시 머뭇거리다가 굳은 표정으로 설명을 계속했어요.

"결국 죽음에 이르기도 하는, 아직도 풀리지 않은 미스터리가 많은 병입니다."

조앤은 엄마가 물건을 떨어뜨리던 모습을 떠올렸어요. 그것이 실수가 아니었다는 사실을 알고 나니 마음이 아파 견딜 수가 없었어요. 엄마는 상심한 얼굴로 의사 선생님에게 물었어요.

"그럼 보조교사 일도 못하는 건가요?"

"아마 어려워질 겁니다. 시험관을 씻는 일도 할 수 없을 거예요. 그냥 모든 일을 그만두고 병마와 싸우는 데에 집중해서 온 힘을 다해 봅시다."

엄마는 무척 실망했어요. 보조교사 일이 엄마에게 얼마나 중요한 일이었는지 어렴풋하게나마 이해하던 조앤도 마음이 무척 아팠지요. 하지만 학교 일을 그만둔 것은 시작에 불과했어요. 얼마 지나지 않아 엄마는 집안일도 더 이상 할 수 없게 되었답니다.

처음에 엄마는 하루를 어떻게 보내야 할지 당황해 하는 것 같았어요. 하지만 늘 긍정적이고 의지력이 강한 엄마는 곧 집 옆에 있는 교회를 청소하거나 교회에 놀러 오는 아이들과 이야기를 나누며 시간을 보내기 시작했답니다.

정말 재미있구나! 조, 아주 잘 썼어

슬픔을 딛고 성장하다

겉으로는 활달하게 생활하려고 노력했지만 나날이 쇠약해지는 엄마를 보고 있을 수밖에 없는 조앤은 고통스러웠어요. 훗날 조앤은 《뉴요커》라는 잡지의 기자와 인터뷰를 하면서 이 때가 인생에서 가장 끔찍한 시기 중 하나였다고 털어놓았어요.

그토록 살갑던 엄마는 불치병으로 나날이 쇠약해져 가고, 집안 분위기는 침울해졌어요. 조앤은 아빠가 엄마 병간호에 전념해 주시길 바랐지만, 아빠는 여전히 회사 일로 바빠서 조앤의 기대만큼 가족들을 위한 시간을 많이 내지 못했어요. 차츰 아빠와 딸 사이도 멀어져 서먹서먹한 사이가 되어버렸어요.

슬프고 괴로울수록 조앤은 학교 공부에 매달렸어요. 제일 좋아하는 과목인 영어는 물론이고, 프랑스어와 독일어도 열심히 공부했어요. 외국어를 공부할 때면 잠깐이라도 답답하고 우울한 집안 분위기에서 벗어나는 것 같았거든요. 이 시절의 조앤은 '해리 포터'에 나오는 공부벌레 헤르미온느와 많이 닮았어요. 외롭고 어두운 나날을 보내고 있을 때, 숀 해리스라는 친구가 다가왔어요.

"혼자서 무슨 생각을 그렇게 해?"

운동장에 힘없이 앉아 있던 조앤은 누군가의 목소리에 퍼뜩 정신을 차렸어요. 숀 해리스가 앞에 서 있었어요. 조앤은 숀 해리스의 얼굴만 알 뿐 이야기를 나눠본 적이 없었어요. 해리스는 대학준비 과정이 시작되는 6학년 1학기에 와이딘 종합중학교로 전학 왔기 때문에 아직 친하게 지내는 친구가 없었거든요. 그런 해리스의 눈에 조앤은 늘 슬퍼 보이는 아이였어요. 누군가에게 마음속 이야기를 털어놓고 싶었던 조앤은 해리스에게 엄마의 투병 생활과 자신의 마음을 털어 놓았어요. 해리스는 조앤의 이야기를 진지하고 다정하게 들어주었지요. 그리고 두 사람은 금방 친구가 되었답니다.

조앤은 해리스를 만나면 답답한 현실에서 벗어나는 기분이 들었어요. 해리스는 운전을 잘 했고, 자동차도 가지고 있었어요. 조앤은 해리스가 운전하는 청록색 포드 앵글리아 자동차를 타고 고속도로를 달리거나 디스코 클럽에 가곤 했어요. 그럴 때면 가슴이 탁 트이고 온갖 걱정과 슬픔이 날아가는 것 같았어요. 무엇보다도 자기 이야기를 들어주고 이해해 주는 친구가 곁에 있다는 게 조앤에게 큰 힘이 되었답니다.

해리스 덕분에 긍정적이고 밝은 기운을 되찾은 조앤은 학교생활도 더욱 열심히 했어요. 결국, 조앤은 뛰어난 리더십과 우수한 성적을 갖춘 학생에게만 기회가 주어진다는 와이딘 종합중학교 여학생 대표를 맡게 되었어요. 절망적인 집안 분위기를 조앤 자신의 힘으로 극복해낸 거예요.

자신감을 회복한 조앤은 옥스퍼드 대학교에 지원했어요. 옥스퍼드 대학은 합격하기가 '하늘의 별 따기'라는 영국 최고의 명문대학교였지만, 조앤은 별로 걱정하지 않았어요. 조앤은 대학 입학시험

정말 재미있구나! 조, 아주 잘 썼어

을 잘 봤고 영어와 프랑스어, 독일어 내신 성적이 뛰어났을 뿐만 아니라 여학생 대표를 지낸 경험도 있어 당연히 합격하리라고 기대했답니다.

그런데 조앤에게 날아온 것은 불합격 통보였어요. 아무도 예상하지 못한 결과여서, 모두들 충격과 실망이 이만저만이 아니었어요. 하지만 조앤은 오랫동안 좌절하고 있을 수 없었어요. 조앤은 자기 인생에 변화를 주고 싶었거든요. 조앤의 절박한 목표는 자신이 살던 텃실, 그리고 중학교를 다녔던 와이딘을 떠나는 것이었답니다.

자네, 또 무슨 공상에 빠져 있는 거야?

"인간을 인간답게 하는 것이 바로 상상력이야.

그렇다면 상상력을 좀 더 재미있게 드러낼 수는 없을까?

조앤 롤링

틈만 나면 공상에 빠져들어 과제를 잊어먹는 지각생, 대학 도서관의 책들을 모조리 읽어버릴 기세로 책 속에 파묻힌 책벌레, 아이라인을 검게 칠한 예쁜 여학생, 이것이 모두 조앤의 대학 시절 모습이었어요. 아빠의 권유로 작가의 꿈을 접고 프랑스어를 전공하게 된 조앤. 비록 성적은 바닥을 헤맸지만, 세상을 향해 자신의 모든 가능성을 활짝 열고 대학생활을 즐겼어요.

정말 재미있구나! 조, 아주 잘 썼어

진짜 나를 찾아 떠나는 여행

조앤은 잉글랜드 남부 해안에 있는 엑서터 대학교University of Exeter
에 입학했어요. 엑서터 대학교는 집에서 차로 두 시간 걸리는 곳에
있었어요. 집에서 멀지 않은 대학을 가기를 원했던 부모님의 뜻에
따른 선택이었죠. 학교가 가까이 있다고는 해도 매일 네 시간씩 차
안에서 보낼 수는 없는 노릇이라, 집을 떠나 학교 기숙사에서 생활
하기로 했어요. 그것만으로도 조앤은 행복했어요. 새로운 공간에
서 새로운 생활을 할 수 있다는 기대감에 부풀었답니다.

엑서터 대학교는 와이딘 종합중학교와 많이 달랐어요. 와이딘 종
합중학교의 우등생 조앤이, 명문 대학으로 손꼽히는 엑서터 대학에
와서는 지방 학교 출신의 촌뜨기 취급을 받았기 때문이에요. 기숙
사의 낯설고 칙칙한 분위기에 주눅이 들기도 했지만, 조앤은 좌절
하지 않았어요. 즐거운 대학 생활은 누가 가져다주는 게 아니라 스
스로 찾아 나가야 한다는 것을 알고 있었기 때문이에요.

엑서터 대학교 주변에는 영화관과 극장이 많았어요. 텃실과 와이
딘에서 그토록 목말랐던 영화와 연극을 마음껏 즐길 수 있다는 것
만으로도 조앤의 가슴은 벅차올랐어요. 답답하고 지루했던 시골
생활에 비한다면 이곳은 천국이나 다름없었답니다.

조앤은 겉모습부터 몰라보게 달라졌어요. 두꺼운 안경을 쓰고 책
속에 파묻혀 지내던 공부벌레의 모습은 완전히 사라졌어요. 조앤

은 콘택트렌즈를 끼고 긴 치마와 한창 유행하던 파란색 데님 재킷을 입었어요. 머리 모양은 머리를 거꾸로 빗어 세운 다음 스프레이를 뿌려 높이 부풀렸고 눈가에는 검고 진한 화장을 했어요. 이제 누가 보아도 조앤은 친구들과 놀러 다니며 멋 부리기 좋아하는 예쁜 여학생처럼 보였어요.

"조, 대학생활은 어떠니? 재미있니?"

오랜만에 집에 들른 조앤에게 아빠가 말했어요.

'네, 재미있어요. 텃실에서의 생활과는 비교도 안 되죠.'

조앤은 마음속으로만 대답하며 아빠의 얼굴을 살폈어요. 엄마의 오랜 병시중으로 아빠의 얼굴은 꺼칠하고 피곤해 보였어요. 아빠는 머뭇거리다가 말을 꺼냈어요.

"조, 아빠는 네가 프랑스어를 전공하면 어떨까 싶다."

조앤은 아빠를 물끄러미 바라보았어요. 그리고 역시 마음속으로 대답했어요.

'전 영어를 공부하고 싶어요. 전 작가가 되고 싶다고요.'

아빠는 마치 조앤의 속마음을 읽은 것처럼 말을 계속했어요.

"영어보다야… 프랑스어를 공부하는 게 취직하는 데 도움이 되지 않겠니? 프랑스어를 잘하면 비서로 취직할 수 있지. 비서는 안정되고 편한 직업일 것 같구나. 엄마도 네가 편하고 좋은 일자리를 얻기 바란단다."

조앤은 천천히 고개를 끄덕였어요. 그러고는 대답했지요.

정말 재미있구나! 조, 아주 잘 썼어

"네, 그렇게 할게요. 프랑스어를 전공할게요."

하지만 조앤의 마음 한구석에는 아쉬움이 남았어요. 자기 미래를 아버지의 충고대로 결정하는 것이 옳은지 스스로에게 자주 물어 보았어요. 멘토인 제시카 미트포드가 '네가 좋아하는 일을 열정적으로 해서 성공하는 여성이 되어야 한다.'고 조앤에게 끊임없이 외치는 것 같았거든요.

"난 영문학을 전공해서 작가가 되고 싶어요. 사람들을 즐겁고 행복하게 만들어주는 이야기를 써서 책으로 내고 싶다고요."

조앤은 혼잣말로 중얼거렸어요. 아버지 앞에서 자기 꿈에 대해 한마디도 하지 못한 자기 자신이 한심했어요. 하지만 투병 생활에 지친 엄마와 병구완을 하느라 많이 늙어버린 아빠 앞에서 도저히 입이 떨어지지 않았어요.

프랑스 문학의 바다로

조앤이 대학에서 프랑스어를 전공하기로 결정한 건 아빠의 권유 때문이었지만, 막상 공부 하다 보니 프랑스 문학도 꽤 매력이 있었어요. 무엇보다도 프랑스 고전 문학과 신화를 읽을 수 있다는 점이 좋았어요. 조앤은 다시 공부를 열심히 하기는 했지만 초등학교나 중학교 때처럼 공부벌레가 될 생각은 없었어요. 지금은 좋아하는 음악과 영화와 연극을 즐기느라 바쁘고, 친한 친구들도 아주 많아서 공부에만 집중하기가 어려웠거든요.

중학교 때와 마찬가지로 조앤은 여전히 친구들을 주인공 삼아 이야기를 만들어서 들려주는 일을 즐겼어요. 다만 이제는 마법사나 예언자 이야기가 아니라 박진감 넘치는 스파이 이야기로 바뀌었지만요. 조앤의 이야기에서 주인공은 언제나 손에 땀을 쥐게 하는 아찔한 위기를 넘기고 악당을 물리쳤지요. 조앤의 이야기가 끝날 때마다 흥미진진하게 이야기를 듣던 친구들이 모두 탄성을 내지르곤 할 정도였어요.

"조앤 롤링, 자네 또!"

조앤은 교수님과 눈이 마주치자, 허둥지둥 고개를 떨어뜨렸어요. 수업을 빼먹고 과제를 잊어버린 게 벌써 몇 번째인지 모르겠어요. 조앤도 이 순간만큼은 친구들이나 교수님 보기가 부끄러웠지요. 교수님은 빙그레 웃으며 한마디 툭 뱉었어요.

"이번엔 또 무슨 공상에 빠져서 과제를 잊어버렸나? 지난 시간에도 공상에 빠져서 수업 시간을 깜빡한 거겠지? 혹시 자네, 영혼은 꿈속에 빠져 있고 몸만 수업에 들어오는 몽유병자 아닌가?"

크게 화를 내실 줄 알았던 교수님의 뜻밖의 반응에 강의실은 웃음바다가 되었지요.

'내가 좀 심하긴 했어.'

얼굴이 빨갛게 달아오른 조앤은 교수님 말씀이 어쩌면 옳을지도 모른다는 생각을 했어요. 실제로 조앤은 수업과 과제를 잊을 정도

정말 재미있구나! 조, 아주 잘 썼어

로 공상에 빠져 있을 때가 많았거든요.

그런데 엑서터 대학에서 프랑스어를 전공하는 학생들은 프랑스에서 1년 동안 생활하는 과정을 거쳐야 졸업할 수 있었어요. 하지만 무슨 일을 하면서 1년을 보낼지는 학생들 각자가 결정할 수 있었어요. 조앤은 고민 끝에 프랑스 학교에서 영어를 가르치는 일을 해 보기로 했어요.

조앤은 파리에서 영어 선생님으로 일하면서, 처음으로 아이들을 가르치는 일이 적성에 맞는다는 걸 깨달았답니다. 하지만 조앤은 선생님이라는 직업을 진지하게 고려해 보지 않았어요. 대학을 졸업하면 아빠가 말씀하신 것처럼 비서직으로 취직할 거라고 생각했거든요. 파리에서 지내는 동안 조앤은 프랑스 문학에 깊이 빠져들었고, 자신의 문체와 작품세계에 대해 진지하게 생각하는 계기를 마련했답니다.

다시 영국으로 돌아온 조앤은 이번에는 연극에 깊은 관심을 보였어요. 마틴 소렐 교수가 연출을 맡은 프랑스 극작가 오발디아의 〈농업 우주비행사〉라는 작품에서 조앤은 의상을 담당했답니다. 조앤은 주인공인 우주비행사의 의상을 고안하는 데 정성을 들였어요. 엉뚱한 공상에 빠져들기 좋아하는 조앤에게 딱 맞는 즐거운 작업이라, 위아래가 붙은 은백색 옷 한 벌에 하얀 헬멧과 호흡장치를 부착한 멋진 의상을 즉석에서 만들어냈어요.

연극에 빠져 있었지만, 조앤은 여전히 도서관에서도 많은 시간을 보냈어요. 1백만 권이 넘는 책의 바다에서 헤엄을 치듯 독서를 즐겼어요.

대학 시절 내내 조앤은 J.R.R. 톨킨의 판타지 소설 『반지의 제왕』에 열광했답니다. 본래 영웅들의 모험담을 좋아했던 조앤은 이 책이 너덜너덜해질 정도로 읽고 또 읽기를 반복했어요.

정말 재미있구나! 조, 아주 잘 썼어

Expecto Patronum!

시련아, 물러나라!

Joanne K. Rowling

2

내가 다시

행복해질 수 있을까?

시련 속에서
더욱 빛나는 것들

"네가 걱정하고 있는 그 일 말이다.
그건 10월 16일 금요일에 일어날 게다."

『해리 포터와 아즈카반의 죄수』 중에서

직장 생활은 순탄하지 않았어요. 게다가, 늘 인정해 주고 격려해 주던 엄마마저 돌아가시자 조앤은 방황하기 시작했지요. 결국 새 출발을 위해 영국을 떠나기로 결심한답니다. 포르투갈로 떠나는 조앤이 가장 소중하게 챙겼던 것이 있었어요. 막 쓰기 시작한 '해리 포터' 원고였죠. 조앤은 이제 행복해질 수 있을까요?

고달픈 직장 생활

1987년, 대학을 졸업한 조앤은 아빠 뜻대로 비서가 되기로 했어요. 비서 업무가 적성에 잘 맞는지는 조앤 자신도 알 수 없었지만, 기왕이면 제시카 미트포드처럼 사회에 의미 있는 일을 하는 직장에서 일하고 싶었답니다.

조앤은 런던에 있는 국제사면위원회Amnesty International를 찾아갔어요. 국제사면위원회는 인권 침해, 특히 언론과 종교의 자유에 대한 탄압과 반체제 인사들에 대한 투옥 및 고문행위를 세계 여론에 고발하고 정치범의 석방과 구제를 위해 노력하는 국제기구예요. 비록 대학교 성적은 엉망이었지만, 영어와 프랑스어를 동시에 구사할 수 있는 비서는 흔치 않았기 때문에 조앤은 어렵지 않게 국제사면위원회에 취직할 수 있었답니다.

조앤은 아프리카 부에 소속되어 프랑스어권 국가의 인권 폐해를 조사하는 일을 맡게 되었습니다. 하지만 호기심에서 시작했던 일은 금세 실망으로 바뀌었어요. 조앤의 업무란 자료 정리와 회의록 작성이 전부였기 때문이에요.

얼마 지나지 않아 조앤은 점심시간이면 동료들이 식당에 가기를 기다렸다가 혼자 카페로 발길을 돌리기 시작했어요. 일이 지루하다 보니 예전처럼 책을 읽고 공상에 빠지는 시간들이 그리워서 견딜 수 없었거든요.

내가 다시 행복해질 수 있을까?

비록 한 시간 남짓이지만, 조앤은 카페에 혼자 자리 잡고 소설을 쓰기 시작했어요. 직장에 적응하는 것이 힘들수록 마음속에서 소설을 쓰고 싶다는 열망이 마치 운명처럼 고개를 들었어요. 한번 시작된 열망은 수그러들 줄 몰랐지요. 조앤은 사무실에서도 틈만 나면 공상에 잠겼어요. 지금 쓰고 있는 소설의 다음 이야기들이 떠오르면 도저히 회의록이나 서류를 작성하고 있을 수가 없었답니다. 일하는 중에도 머릿속에 떠오른 이야기들을 끼적거리기 바빴어요. 어떤 날은 한창 회의 중에 회의 내용을 받아 적는 대신 소설을 쓰고 있을 때도 있었죠. 결국 조앤은 국제사면위원회에서 해고되고 말았답니다.

이후 조앤은 여러 회사를 전전했지만, 회의록 정리보다 소설 쓰기를 좋아하는 비서는 어디에서도 인정받지 못했어요. 결국 회사에서 해고되거나 조앤 스스로 그만두는 일이 반복되었어요. 자신이 정말 하고 싶은 일과 해야 하는 일이 다르다는 것이 조앤에게는 큰 고통이었어요. 마음껏 공상하고 글을 써서 책으로 출판하는 것, 이것이 조앤의 가장 간절한 꿈이 되었어요.

하지만 직장을 그만두고 작가가 되겠다고 결심할 엄두는 나지 않았어요. 돈을 벌어야 자기 생계를 책임질 수 있고, 또 딸이 안정적인 직장에 다니기를 기대하는 부모님의 바람을 감히 저버릴 수 없었기 때문이에요. 조앤은 다시 직장을 구하기 위해 신문을 뒤적이고 구인공고를 찾아 다녔지요.

뜻밖의 만남

조앤이 직장 생활에 순탄하게 적응하지 못하는 모습에 부모님의 걱정도 이만저만이 아니었어요. 오랜 시간 불치병으로 고생하시는 엄마에게 또 다른 걱정거리를 안겨드리고 있다는 생각에, 조앤 역시 마음이 편치 못했어요. 게다가 늘 곁에서 힘이 되어주던 남자친구가 맨체스터로 이사를 하자 조앤은 더 외롭고 우울해졌어요.

"그래, 나도 맨체스터로 가자. 새로운 곳에 가면 새 출발을 할 수 있을 거야."

조앤은 남자친구를 따라 맨체스터로 이사를 하기로 결심했어요.

1990년 6월, 조앤은 맨체스터에서 런던으로 가는 기차에 올랐어요. 하루 종일 맨체스터를 돌아다니며 이사할 집을 찾았지만 원하는 조건의 집을 아직 발견하지 못해서 몸과 마음이 지칠 대로 지쳐 있었지요.

'아, 나는 왜 이렇게 되는 일이 없을까?'

조앤은 우울한 표정으로 기차 창밖을 내다보았어요. 차창에 비치는 자신의 피곤한 얼굴을 물끄러미 바라보는데 화물차에 실려 가는 얼룩소들이 눈에 들어왔어요. 조앤은 무심코 중얼거렸어요.

"마법으로 소년들을 기숙학교에 수송하는 기차 같네."

그 순간 조앤의 머릿속에 반짝 떠오르는 사람이 있었어요.

'자신이 누구인지 모르는 소년. 그런데 마법학교로 오라는 통지

내가 다시 행복해질 수 있을까?

서를 받고서야 자기가 마법사라는 사실을 깨닫는 아이!'

조앤의 심장이 쿵쾅거렸어요. 마치 마법처럼 조앤의 머릿속에 초록빛 눈동자에 까만 머리, 이마엔 알 수 없는 흉터를 가진 남자아이의 모습이 떠올랐거든요. 조앤은 가방과 주머니를 다급하게 뒤졌지만 그날따라 가방 속에도, 주머니 속에도 펜과 종이가 없었어요. 수줍음이 너무 많아 주변 사람에게 펜과 종이를 빌릴 엄두도 내지 못한 조앤은 눈을 감았어요. 머릿속에 메모를 하듯 모든 것을 공상에 맡기기로 한 거예요.

'그래, 자신이 마법사인 줄 몰랐던 마법사 소년. 그리고 그 소년의 절친한 친구는, 숀 해리스와 비슷한 아이가 좋겠어. 그리고 그 소년을 늘 도와주고 보살펴주는 든든한 친구로 몸집이 큰 사냥터지기가 있어야겠지. 소년이 가는 마법학교는 스코틀랜드에 있어. 마법학교 주변은 황량하고 바람이 많이 불어서 아무나 쉽게 접근할 수 없지. 마법학교에는 당연히 유령이 살아야 해. 평범한 유령보다는 음… 목이 달랑달랑한 유령이 재미있겠다.'

평소 같았으면 기차가 런던에 도착하는데 네 시간이면 충분했어요. 그런데 하필이면 그날 따라 기차가 고장나서 시골 한복판 철길 위에 멈춰 버렸어요. 조앤은 오도가도 못하고 기차가 다시 출발할 때까지 네 시간이나 기다려야 했어요. 하지만 조앤은 기차에서 보낸 그 시간들이 오히려 고마웠어요. 머릿속으로 한창 상상의 나래를 펼치고 있는 도중에 기차에서 내려야 했다면 이야기가 형편없이

해리 포터를 호그와트로 태워다주는 기차의 모델이 된 5972 이튼 Hall 증기 기관차

끊어져 버렸을 테니까요.

런던에 도착하자마자 조앤은 부리나케 집으로 달려갔어요. 머릿속에 그려놓은 이야기들 중 행여나 하나라도 빠뜨릴까 걱정하며 미친 듯이, 밤새도록 노트에 옮겨 적었답니다.

조앤은 해리 포터와 이렇게 처음 만났어요. 조앤은 해리 포터가 다니는 마법학교에 대해 고민을 많이 했어요. 어린 소년이 한 사람의 어엿한 마법사로 성장하려면 7년 정도의 시간이 필요하겠다고 생각했어요. 우리나라 중·고등학교에 해당하는 영국의 중등교육 과정인 세컨더리 스쿨은 7년 코스로 되어 있거든요. 조앤은 해리가 마법학교에서 보내는 1년을 책 한 권으로 엮어서 전체 일곱 권의 시리즈를 만들기로 결정했지요.

그 다음에 조앤이 한 일은 이야기 속 등장인물의 이름을 붙여 주는 일이었지요. 어릴 때부터 이름 수집가의 면모를 갖추고 있던 조앤은 이 작업이 정말 즐거웠어요. 조앤은 인명사전, 지명사전은 물론 자신이 알고 있는 모든 지식을 총동원해서 등장인물들의 이름, 배경이 되는 공간의 이름들을 만들었어요.

이름 짓는 일이 뭐 그리 중요한가 싶죠? 하지만 소설이나 드라마, 영화에서 이름이 아주 중요한 의미를 지닌 경우가 많아요. 조앤도 이름을 정하는 과정에서 등장인물의 성격과 이야기를 결정했어요. 공간적 배경의 이름도 마찬가지였죠. 학교, 숲, 강, 마을의 이름 하나 하나마다 전체 이야기 속에서 맡은 역할이 있었답니다.

조앤은 사람이나 장소가 많은 이야기를 간직할수록 더 많은 궁금증을 불러 일으킨다는 사실을 잘 알고 있었어요. '해리 포터' 이야기에 등장하는 다양한 사람들, 음침하거나 신기한 학교의 이야기에 사람들이 한없이 흥미진진하게 빠져드는 건, 조앤이 이렇게 이름 하나를 짓는 데도 시간과 정성을 들였기 때문이에요.

조앤은 해리 포터를 머리에 떠올린 그날 이후 무려 5년에 걸쳐서 이야기를 더욱 탄탄하고 재미있게 구성하는 데 정성을 쏟았어요.

예상치 못한 이별

1990년 12월 31일 아침, 조앤은 전화 벨 소리에 눈을 떴어요.

"조, 아빠다."

아빠의 목소리를 듣는 순간, 조앤의 가슴이 쿵 내려앉았어요.

"엄마가 어제 돌아가셨어."

조앤은 그 자리에 힘없이 주저앉았어요. 며칠 전, 크리스마스 이브에 조앤은 엄마를 만나러 집에 들렀어요. 엄마는 예전 모습을 찾아볼 수 없을 정도로 무척 여위었고 지쳐 보였어요. 하지만 조앤은 엄마의 상태를 대수롭지 않게 여기고, 남자친구의 가족과 함께 크리스마스 파티를 하기 위해 서둘러 집을 나섰지요. 그것이 조앤이 본 엄마의 마지막 모습이 되리라고는 상상도 하지 못했답니다.

조앤의 눈에서 끝없이 눈물이 흘러내렸어요.

내가 다시 행복해질 수 있을까?

'그때 엄마한테는 시간이 얼마 남지 않았었구나. 난 정말 한심해. 곧 돌아가실 것도 알아차리지 못하다니.'

조앤의 엄마, 앤 롤링은 10년 동안 다발성경화증으로 고통 받다가 집에서 죽음을 맞이했어요. 앤의 장례식은 가족들과 가까운 친구들만 참석한 가운데 조용하게 치러졌지요.

때로는 친구였고 때로는 인생의 멘토였던 엄마의 죽음이 조앤에게는 커다란 충격이었어요. 인생의 방향키를 잃어버린 것처럼 조앤은 한동안 방 안에 틀어박혀 있었답니다.

허탈함과 슬픔으로 고통스러워하던 조앤은 '해리 포터'에게 매달렸어요. '해리 포터' 이야기를 생각할 때면 그나마 마음에 위안을 얻는 것 같았거든요. 조앤은 해리가 자기 자신과 닮았다고 생각했어요. 해리가 부모님을 그리워하듯 조앤도 엄마가 못 견디게 그리웠어요. 조앤은 해리만이라도 부모님을 다시 만날 수 있는 기회를 주고 싶었어요. 조앤은 돌아가신 엄마를 그리워하는 마음으로 '소망의 거울'을 생각해냈어요.

『해리 포터와 마법사의 돌』에서 소망의 거울은 우리가 가장 보고 싶어 하는 모습을 보여 줘요. 해리는 이미 돌아가신 부모님이 미소 짓고 있는 모습을 거울에서 보게 되죠. 조앤은 '내게도 소망의 거울이 있다면 얼마나 좋을까?' 하고 생각했어요. 아마도 거울 속의 엄마는 즐겁게 기타를 연주하거나 딸들에게 책을 읽어 주고 재미있는 이야기를 들려주며 시장 나들이를 하는 모습으로 나타났겠죠.

조앤 롤링, 스토리텔링의 힘을 보여 줘

다시 새로운 곳으로

"포르투갈 포르투에서 유능한 영어 교사를 찾습니다."

인카운터 영어학교

　무심코《가디언》지를 뒤적이던 조앤의 시선이 한 자리에 멈췄어요. 엄마가 돌아가신 후 우울증에 시달리던 조앤은 어떻게 해서든 이 상황을 벗어나고 싶었는데 우연히 신문 광고를 보게 된 거예요. 포르투갈의 포르투Porto라는 도시에 있는 영어학교에서 영어를 가르칠 교사를 찾는다는 광고였어요.

　'제시카 미트포드라면 지금 상황에서 어떤 결정을 내렸을까?'

　조앤은 멍하니 창밖을 내다보았어요. 우중충한 하늘 아래 바쁘게 움직이는 사람들을 물끄러미 바라보던 조앤의 머릿속에 새파란 하늘이 떠올랐어요. 하얀 거품을 일으키며 출렁거리는 파란 바다도 떠올랐지요. 조앤은 신문을 탁 덮으며 일어섰어요.

　'새로운 곳에서 새 출발을 하자. 엄마도 내 결정을 기뻐하실 거야.'

　조앤은 서둘러 이력서를 쓰기 시작했어요. 이력서를 보내고 얼마 뒤 인카운터 영어학교의 스티브 캐시디 교장선생님이 조앤에게 연락을 해 왔어요. 조앤은 리즈의 기차역 근처에서 캐시디 교장선생님을 만났답니다.

　캐시디 교장선생님은 조앤에게 기초영어부터 고급영어까지 다양

내가 다시 행복해질 수 있을까?

한 영어를 가르쳐야 하고, 학생들의 나이도 어린이부터 할머니까지 다양하다는 이야기를 해 주었어요.

"포르투는 포르투갈에서 두 번째로 큰 도시예요. 날씨가 좋고 경치가 아름다워서 조앤 롤링 선생님 마음에도 들 겁니다."

캐시디 교장선생님의 말에 조앤의 눈이 반짝거렸어요. 조앤의 가슴은 다시 두근거렸어요. 조앤은 엄마가 돌아가신 후 쳅스토우로 이사한 아빠와 에딘버러에서 간호사로 일하고 있는 다이앤에게 포르투갈로 떠난다는 소식을 알렸어요. 조앤은 간단한 짐 속에 조금씩 쓰고 있던 '해리 포터' 원고를 챙겨 넣었어요. 우중충하고 추운 11월의 아침, 조앤은 엄마와 얽힌 가슴 아픈 추억들을 다독이며 영국을 떠나 포르투갈 포르투로 향했어요.

포르투의 사람들

비행기가 포르투 공항에 착륙하기 직전, 조앤은 창밖으로 펼쳐진 도우로 강을 바라보며 크게 숨을 들이마셨어요. 포르투갈을 동서로 가로질러 포르투에서 대서양과 만나는 도우로 강의 풍경이 장엄해 보였거든요. 조앤은 공항으로 마중 나온 스티브 캐시디 교장선생님의 안내로 센트랄 데 프랑코 가에 있는 아파트로 갔어요. 그곳은 인카운터 영어학교 선생님들이 함께 쓰는 숙소였어요.

그곳에서 조앤은 아일랜드 여성 애니 킬리, 영국 여성 질 프루잇

포르투갈을 흐르는 도우로 강변 풍경

도우로 강변의 야경

조앤이 '해리 포터' 초고를 썼던 마제스틱 카페

과 함께 지내게 되었어요. 이 두 사람은 조앤과 금세 가까운 친구가 되었죠. 맨체스터와 달리 포르투의 화창한 날씨와 아름다운 풍경, 무엇보다도 새롭게 만난 친구들 덕분에 조앤은 많은 위로를 받았어요. 조앤은 틈틈이 인카운터 영어학교의 마리아 잉에스 아귀아르 교감 선생님에게 포르투갈어를 배우기도 했답니다.

인카운터 영어학교의 수업 시간은 오후 다섯 시부터 열 시까지였어요. 조앤은 수업 시간 전까지 그동안 구두상자에 모아 두었던 '해리 포터'에 대한 구상들을 하나씩 꺼내 본격적으로 글쓰기를 시작했어요. 조앤은 타이핑보다는 카페에 앉아 손으로 직접 글을 쓰는 것을 더 좋아했어요. 마제스틱은 하얀 대리석 테이블과 화려하게 장식한 나무의자, 그리고 멋진 샹들리에가 있는 밝고 우아한 카페였어요. 조앤은 매일 학교에 출근하기 전 이곳에 들러 노트에 글을 쓰고, 버스를 타고 인카운터 영어학교에 가서 수업 시작 전까지 노트에 써 놓았던 글을 타이핑했답니다.

포르투는 조앤의 인생에 많은 변화를 선물해 주었어요. 조앤은 영국을 떠나 포르투갈로 오길 잘했다고 생각했지요. 그곳에서 조앤의 인생을 송두리째 바꿔놓은 사람을 만나기 전까지는요.

운명처럼 다가온 사랑, 그리고 결혼

포르투에 온 지 어느덧 5개월이 지난 3월의 어느 토요일 밤, 조앤은 '메이아 카바'라는 카페에서 애니, 질과 함께 재즈 음악을 들으며 이야기를 나누고 있었어요. 그때 잘생긴 얼굴에 육상선수처럼 몸집이 단단한 포르투갈 청년이 다가와서 조앤에게 말을 걸었어요.

"푸른 눈이 참 아름답네요."

그 청년의 이름은 호르헤 아란테스였어요. 아란테스는 조앤에게 첫눈에 반했어요. 조앤은 포르투갈어에 서툴렀지만, 아란테스가 영어를 아주 잘해서 서로 대화를 나누기는 어렵지 않았어요. 처음 만난 날, 두 사람은 책 이야기로 밤을 샜어요. 아란테스는 제인 오스틴의 소설 『이성과 감성』을 가장 좋아한다고 했어요. 조앤은 깜짝 놀랐어요. 제인 오스틴은 조앤이 가장 좋아하는 작가였거든요.

'이 사람이 바로 운명적인 사랑인가?'

조앤은 영국도 아닌 포르투갈에서 이렇게 말이 잘 통하고 취향도 비슷한 사람을 만났다는 사실에 흥분을 감출 수 없었어요. 얼마 지나지 않아 조앤은 아란테스를 사랑하게 되었지요. 대학교에서 저널리즘을 전공한 아란테스 역시 작가가 꿈이었기 때문에 같은 꿈을 꾸는 조앤에게 더욱 더 깊이 빠져들었어요.

"와, 그러고 보니 내가 아주 위대한 작가와 사랑에 빠졌네."

조앤이 수줍어하며 보여준 '해리 포터' 원고를 단숨에 읽고 나서 아란테스가 중얼거렸어요. 조앤은 자신을 인정해 주는 남자친구를 사랑이 담뿍 담긴 눈길로 바라보았어요. 엄마의 빈자리가 단숨에 채워지는 기분이 들었답니다.

1992년 8월 28일, 아란테스는 조앤에게 청혼했어요. 하지만 조앤은 그의 청혼을 선뜻 받아들이지 못했어요. 왜냐하면 두 사람의 사랑이 그리 순탄하지 않았기 때문이에요. 질투심 많고 집착이 강한 아란테스는 조앤이 자신만 바라보고 순종하기를 바랐답니다. 이를테면 아란테스는 자신이 친구들과 놀러 나간 동안 조앤이 집에서 자기를 기다려주기를 바랐어요. 만일 조앤도 친구를 만나러 외출하면 불같이 화를 내곤 했지요.

물론 조앤도 아란테스의 억지를 순순히 받아들이지 않았어요. 가끔 경찰이 출동할 만큼 요란하게 싸울 때도 있었으니 조앤이 선뜻 청혼을 받아들이지 못한 건 당연한 일이었죠. 하지만 두 사람은 헤어질 수 없었어요. 그것 또한 사랑이라고 생각했기 때문이에요.

10월 16일 오전 11시, 두 사람은 간소한 결혼식을 올렸어요. 아란테스는 군대에서 막 제대했고, 조앤은 여전히 인카운터 영어학교의 선생님으로 일하고 있었지요.

그들의 결혼식은 보통의 결혼식과는 분위기가 좀 달랐어요. 신부는 검은 재킷에 진주 목걸이를 하고 검은색 눈 화장을 했고 신랑은 하얀 물방울 무늬가 있는 빨간 셔츠와 검은 재킷을 입었어요. 스물일곱 살 조앤 롤링과 스물네 살 호르헤 아란테스는 결혼서약서에 서명을 했어요. 조앤의 여동생 다이앤과 다이앤의 남자친구가 증인으로 참석한 단출한 결혼식이 끝난 뒤 조앤은 수업을 하러 학교로 갔답니다. 파격적이고 이색적인 결혼식에 대해 모두들 평범하기를 거부하고 자유로운 인생을 살고 싶어하는 조앤다운 선택이라고 생각했지요.

인생 최고의 파국

결혼식을 올린 지 얼마 되지 않아 조앤은 임신 사실을 알게 되었어요. 아기를 가졌다는 것은 커다란 기쁨이었지만, 직장을 구할 생각조차 하지 않고 하루 종일 빈둥거리는 남편을 생각하면 한숨부터 나왔어요. 날이 갈수록 두 사람의 다툼이 잦아졌어요.

조앤은 남편 때문에 속상할수록 더욱 '해리 포터' 이야기를 쓰는 데 열중했어요. 이야기를 떠올리고 글을 써내려가다 보면 현실에서의 괴로움을 잊을 수 있었거든요. 조앤이 학교 앞 카페에 앉아 있는 시간은 점점 더 길어졌답니다. 그런데 이런 모습이 아란테스를 더욱 화나게 했어요. 남편인 자신에게는 관심도 없고 오직 글쓰기에만 매달리는 것 같은 아내의 모습에 자존심이 상했거든요. 더욱이 아란테스도 작가를 꿈꾸었던 사람이기에, 아내의 재능에 질투심마저 느끼기 시작했지요.

아란테스는 조앤 때문에 화가 날수록 더욱 자주 친구들과 어울려 다니며 술을 마셨어요. 임신한 아내는 안중에도 없고 술만 마셔대는 남편을 조앤은 도무지 이해할 수 없었어요. 마음고생이 너무 심해서 임신 중인데도 몸무게가 11킬로그램이나 빠질 정도였지만,

조앤은 뱃속의 아기를 생각하며 주문처럼 스스로를 타일렀어요.

"아가야, 네가 태어나면 모든 문제가 해결될 거야. 그때쯤 아빠도 정신을 차리겠지."

1993년 7월 27일, 마터니다드 홀리오 디니스 병원에서 조앤은 일곱 시간의 진통 끝에 예쁜 딸을 낳았어요. 조앤은 딸에게 망설임 없이 '제시카'라는 이름을 붙여 주었지요. 조앤이 가장 좋아하고 닮고 싶어 하는 제시카 미트포드에게서 따온 이름이에요.

하지만 예쁜 딸을 낳고 행복에 젖어 드는 순간도 잠시였어요. 조앤은 더욱 고단한 일상을 보내야 했답니다. 아기가 태어나면 남편이 좀 나아지리라 생각했지만, 남편은 전혀 달라지지 않았어요. 방송국에서 저널리스트로 일하기 시작한 아란테스는 예전과 다름없이 술을 마시며 방탕한 생활을 했지요. 조앤이 영어학교에서 일하는 동안 아기를 돌보지도 않았고요. 조앤은 생활비를 벌면서 아기도 돌보고 살림까지 도맡아야 했어요. 결국 조앤과 아란테스는 더 이상 결혼 생활을 지속할 수 없는 상태에 이르고 말았어요.

11월의 어느 날, 새벽 5시. 인카운터 영어학교의 교감 선생님인 마리아 잉에스는 시끄럽게 울리는 전화벨 소리에 잠이 깼어요. 같은 학교 영어선생님인 애니였어요. 조앤에게 와달라는 전화를 받고 급하게 달려간 마리아 잉에스 선생님은 눈앞에 벌어진 광경을 보고도 도저히 믿을 수가 없었어요.

새벽 길 한가운데에 잠옷 차림으로 온몸에 멍이 든 조앤이 넋이

나간 듯 서 있었어요. 옆에는 애니와 질이 불안한 표정으로 서성이고 있었답니다. 조앤의 집에서는 아기 울음소리가 끊이지 않고 들렸어요. 잉에스 선생님은 질의 설명을 듣고 나서야 이 모든 상황을 이해할 수 있었습니다.

새벽 무렵 조앤과 아란테스가 싸우기 시작했고, 갑자기 아란테스가 조앤을 집 밖으로 끌어내서 마구 때렸다고 했습니다. 그러고는 아기가 있는 집으로 혼자만 들어가서 문을 잠가 버렸다는 것입니다. 부들부들 떨면서 울고 있는 조앤을 잉에스 선생님은 따뜻하게 안아 주었어요. 그때 잉에스 선생님은 조앤의 결혼 생활이 끝났다는 것을 깨달았어요. 조앤이 원하는 것은 오직 한 가지, 남편에게서 딸을 데려오는 것뿐이었어요. 잉에스 선생님은 곧장 경찰인 친구에게 연락을 하고 변호사를 찾아갔어요.

다음날 아침, 잉에스 선생님은 조앤과 함께 아란테스를 찾아갔어요. 만약의 경우에 대비해서 경찰관도 데리고 갔지요. 초인종을 누르자 아란테스가 무심코 현관문을 열다가 조앤과 경찰을 보고 문을 닫으려고 했어요. 그때 잉에스 선생님은 재빨리 발을 집어넣어서 문을 닫지 못하게 했어요. 집 안에서는 지친 듯한 아기 울음소리가 들려왔어요. 아기 울음소리에 조앤이 새파랗게 질리는 모습을 본 잉에스 선생님은 최대한 무서운 목소리로 소리쳤어요.

"호르헤 아란테스 씨, 아기를 줘요. 아기를 달라고요!"

경찰의 눈치를 보던 아란테스는 결국 제시카를 데려왔어요. 조앤은 재빨리 제시카를 받아서 꼭 끌어안았답니다.

조앤은 제시카와 함께 되도록 빨리 포르투를 떠나고 싶었어요. 한동안 아란테스가 조앤과 제시카를 찾아다닌다는 소문이 들려왔지요. 인카운터 영어학교에서는 조앤 모녀에게 학교에서 지낼 수 있도록 도움을 주었어요. 그리고 약 2주 뒤에 조앤은 제2장까지 쓰고 있던 '해리 포터' 원고를 간단한 짐과 함께 챙겨 제시카를 데리고 포르투갈을 떠났습니다.

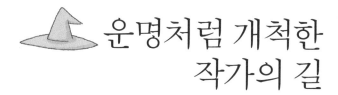

운명처럼 개척한 작가의 길

"그래서 저는 얼른 책 한 권을 다 쓴 뒤에 출판을 시도해 봐야겠다고
굳게 결심하고는 정말 미친 듯이 글을 쓰기 시작했어요."

조앤 롤링

영국으로 돌아온 조앤 롤링은 혼자가 아니었어요. 세상의 어떤 보물보다
소중한 제시카가 함께하고 있었지요. 이제 조앤은 더 강해져야 했어요. 엄
마가 되었기 때문이에요. 그리고 마음속에 간직하고 있던 꿈을 반드시 이
루겠다고 결심했어요. 딸에게 부끄럽지 않은 엄마가 되고 싶었던 조앤은
삶이 아무리 힘들어도 좌절할 수 없었어요.

가난의 덫

영국으로 돌아온 조앤은 일단 동생이 사는 에딘버러로 향했어요.
'제시카를 키우려면 돈이 있어야 할 텐데, 에딘버러에서 교사 자리를 구할 수 있을까?'

조앤은 칭얼거리는 제시카를 달래며 흔들리는 기차 안에서 온갖 생각에 잠겼어요. 마치몬트 가의 아파트에 살고 있던 다이앤 부부는 갑자기 나타난 조앤 모녀를 보고 잠시 할 말을 잃었어요. 갓난아기를 안은 채 조그만 트렁크만 달랑 끌고 온 조앤의 몰골이 말이 아니었거든요. 하지만 다이앤은 언니의 상황을 금방 눈치 채고 밝게 웃으며 그들을 맞이했지요.

조앤은 여동생과 친구들에게 짐이 되고 싶지 않았어요. 당장 생활비부터 벌어야 했어요. 조앤에게는 두 달 치 방세 정도의 돈밖에 없었어요. 자신이 굶는 것은 견딜 수 있었지만 제시카의 분유 값과 기저귀 값은 참는다고 해결될 문제가 아니었어요. 조앤은 일단 가지고 있던 돈으로 방을 하나 빌렸어요.

조앤은 제시카를 눕히고 그 옆에 쪼그리고 앉았어요. 난방도 제대로 되지 않는 아파트는 썰렁한데다 어두컴컴했어요. 벽과 천장에서는 쥐들이 들끓었죠. 조앤은 제시카와 단 둘이 가구도 하나 없는 낯선 방에 남게 되자 걷잡을 수 없이 눈물이 쏟아졌어요.

"난 제시카 미트포드처럼 살고 싶었어…. 용감하고 강한 사람이 되고 싶었다고…. 엄마가 보고 싶어. 엄마, 나 이제 어떻게 해요?"

조앤은 직업도 없고 무일푼에 혼자 아기를 키워야 하는 가난한 여자일 뿐이었어요. 조앤은 아기처럼 엉엉 소리 내어 울면서 마음속에 담아두었던 말들을 쏟아냈어요. 엄마의 울음소리에 제시카가 뒤척이며 칭얼거렸어요. 조앤은 얼른 제시카를 꼭 끌어안으며 눈물을 닦았어요. 그리고 굳게 다짐했지요.

"그래, 이제 제시카 미트포드를 위해서가 아니라 내 딸 제시카를 위해 살 거야. 나, 조앤 롤링은 다시 일어설 거야."

다음날 아침 일찍 조앤은 사회보장부를 찾아갔어요. 생계보조비와 주택수당을 받기 위해서였지요. 조앤은 사회보장부 직원에게 자신이 어떻게 무일푼이 되었고, 아기의 유일한 양육자가 되었는지 설명해야 했어요. 사회보장부 직원은 이야기를 담담하게 들었지만 정작 조앤은 자신이 비참해서 견딜 수가 없었어요. 조앤은 마음이 약해질수록 제시카를 꼭 끌어안았어요. 엄마이기 때문에 더욱 힘을 내야 한다고 스스로에게 다짐했어요.

이제 조앤은 일주일에 69파운드약 12만 원씩 생활보조수당을 받게 되었어요. 집세를 내고 나면 제시카를 먹이고 입히는 데도 턱없이 모자란 돈이었지요. 조앤은 벽과 천장에 쥐가 들끓는 곳에서 어린 제시카를 키울 수 없다고 생각했어요. 결국 조앤은 숀 해리스를 찾아갔어요. 옛 친구에게 돈을 빌려달라고 말하는 것 자체가 부끄러워서 견딜 수 없었지만, 숀 해리스는 조앤의 사정을 익히 들어서 알고 있던 터라 흔쾌히 600파운드약 100만 원를 빌려주었답니다.

조앤은 이 돈으로 에딘버러의 옛날 항구인 레이스 지구에 방 하나짜리 아파트를 빌릴 수 있었어요. 비록 가구도 없는 휑한 공간이었지만, 처음 얻었던 방에 비하면 이곳은 천국 같았어요. 다이앤과 친구들이 가구를 빌려준 덕분에 조앤 모녀의 단출한 살림은 모양을 갖춰가기 시작했답니다.

조앤은 초록색 주방 탁자를 손바닥으로 쓸어 보았어요. 낡고 초라했지만 친구들의 따뜻한 마음이 고스란히 느껴졌어요. 조앤은 여기서 '해리 포터' 이야기를 본격적으로 쓰겠다고 결심했습니다. 그러자 해리 포터가 처음 떠올랐던 그날처럼 다시 가슴이 설레기 시작했어요. 앞으로 어떤 어려움이 닥칠지 짐작할 수 없지만 자신은 이제 예전의 조앤이 아니라고 다짐하고 또 다짐했지요.

불행의 그림자를 이겨내는 법

제시카와 함께 외출했다가 돌아왔을 때 집 앞을 서성이는 사람을 보고 조앤의 발걸음은 얼어붙어 버렸어요. 멀리서도 그 사람이 호르헤 아란테스라는 것을 알아볼 수 있었지요. 조앤의 머릿속에 끔찍했던 포르투에서의 생활이 영화처럼 흘러갔어요. 조앤은 다이앤을 찾아가려다 미친 듯이 뛰는 심장을 진정시키며 고개를 저었어요.

'아니야. 이제부터 내 일은 내가 알아서 할 거야. 내가 제시카를

지키고 나를 지킬 거야.'

조앤은 곧장 변호사 사무실을 찾아갔어요. 아란테스가 또 다시 자신에게 폭력을 휘두르거나 제시카를 빼앗을까봐 두려워서 아예 아란테스가 가까이 오지 못하게 조치를 취하고 싶었거든요. 1994년 3월 15일, 조앤은 호르헤 아란테스가 자신과 제시카에게 접근하지 못하도록 변호사를 통해 스코틀랜드 법원의 접근 금지 절차를 밟기 시작했어요. 이 소식을 들은 호르헤 아란테스는 두 사람을 만나는 것을 포기하고 포르투로 돌아갔답니다.

아란테스가 돌아간 뒤에도 조앤은 한동안 안정을 찾지 못했어요. 아란테스가 불쑥 나타날까봐 초조하고 우울했거든요.

"내가 다시 행복해질 수 있을까?"

조앤은 쾌활했던 대학 시절 모습으로 되돌아갈 수 없을 것 같았어요. 이 느낌은 슬픔과는 차원이 달랐어요. 아무 것도 하고 싶지 않고 무감각해진 느낌이었지요. 조앤의 몸에서 희망의 빛이 모조리 꺼져버린 것 같았어요.

하지만 조앤에게는 어린 딸이 있었어요. 하루하루 제시카만을 생각하며 가까스로 삶을 꾸려갔어요. 그리고 조앤이 삶을 지탱하게 한 또 한 사람이 있었어요. 해리 포터였어요.

조앤은 금방이라도 쓰러질 것 같은 무기력한 몸을 가까스로 일으켜 주방 탁자 앞에 앉았어요. 그리고 '디멘터'라는 캐릭터를 만들었어요. 디멘터는 사람들의 행복과 희망을 빨아들여서 결국 영혼을

내가 다시 행복해질 수 있을까?

빼앗아가는 무시무시한 존재예요. 디멘터에게 영혼을 빼앗긴 사람은 살아있어도 살아있는 게 아닌 무기력한 상태가 되어 결국 죽음에 이르게 되지요. 디멘터와 싸우는 유일한 방법은 행복했던 기억, 희망찬 미래에 대한 생각을 불러내는 것뿐이에요. 해리 포터는 디멘터와 싸울 때 퀴디치 경기에서 승리했던 일, 친구들의 격려와 우정을 생각하지요. 그러자 엄청난 에너지가 튀어나와 디멘터를 물리치지요.

조앤은 디멘터를 그려내면서 조금씩 기운을 차렸어요. 마음속에 웅크리고 있던 우울한 마음을 글쓰기를 통해 쏟아내면서 스스로를 치유하기 시작한 거죠. 조앤은 해리 포터를 창조해낸 작가였지만 이 순간만큼은 해리 포터에게서 커다란 도움을 받았어요.

맞아요, 조앤과 해리 포터 이야기는 단순히 작가와 작품의 관계가 아니었답니다. 해리 포터는 조앤이 아끼는 또 다른 자기 자신이었고, 제시카처럼 조앤의 소중한 '아이'였으며, 동시에 조앤에게 힘을 주는 친구였어요.

카페에서 완성한 '해리 포터' 이야기

1994년 8월 10일, 조앤은 호르헤 아란테스와의 이혼을 신청했어요. 그때까지 조앤은 그저 과거를 후회하고 현재의 처지를 비관하기만 했지만, 이제는 그렇게 시간을 낭비하고 싶지 않았어요. 그래서 잘못 선택한 결혼을 매듭지어야겠다는 결심을 한 거예요. 이혼 신청을 한 뒤 조앤은 마음이 편안해졌어요. 엉켜 있던 실타래가 풀리기 시작하는 기분이 들었기 때문이에요. 이제는 제시카와 함께 꾸려갈 미래만 생각하며 살기로 했어요.

어느 날 다이앤이 집으로 찾아왔어요. 언니 집을 둘러보던 다이앤의 눈에 원고 뭉치와 노트들이 들어왔어요.

"언니, 저건 뭐야?"

조앤은 수줍어하며 얼버무렸어요.

"그냥 시간 있을 때 끼적여본 거야. 별 거 아니야."

하지만 다이앤은 가만히 있지 않았어요. 조앤에게 지금까지 쓴 것들을 보여 달라고 졸라대기 시작했어요.

"난 어릴 때부터 언니가 만든 이야기를 들었잖아. 나만큼 언니 이야기가 재미있는지 아닌지 알 수 있는 사람도 없을걸? 나 한번만 보여줘, 응?"

다이앤은 조앤이 말릴 틈도 없이 잽싸게 원고 뭉치 중 하나를 꺼내서 읽기 시작했어요. 조앤은 부끄러우면서도 다이앤의 반응이 어떨지 궁금했어요. 그런데 원고를 읽던 다이앤이 갑자기 웃음을 터뜨렸어요.

"하하하, 언니, 정말 재미있어. 다음 이야기가 궁금해 죽겠는데? 해리는 앞으로 어떻게 돼?"

그제야 조앤은 한숨을 푹 내쉬었어요. 그것은 안도의 한숨이었어

조앤이 '해리 포터' 원고를 썼던 엘리펀트 카페

해리엇대학 모레이하우스.
조앤 롤링이 영어 교사 자격을 얻기 위해 대학원 과정을 이수한 학교예요.

요. 오랜 시간 공들여 만들어낸 '해리 포터'가 한 사람의 독자에게 인정받는 순간이었기 때문이죠. 조앤은 머릿속에 담고 있던 '해리 포터'의 이야기를 다이앤에게 들려주었어요.

다이앤은 빙긋이 웃기도 하고 안타까운 표정을 짓기도 하고 깔깔 웃기도 하면서 조앤의 이야기를 들었지요. 조앤과 다이앤은 오랜만에 『토끼』를 이야기하던 다섯 살, 세 살 꼬맹이들로 돌아갔어요. 이날 이후 조앤의 마음속에는 어린 조앤이 되살아난 것 같았어요. 조앤은 '해리 포터' 이야기를 멋지게 완성하겠다는 결심을 굳혔어요.

그 무렵 다이앤의 남편은 '니콜슨'이라는 카페를 운영하고 있었어요. 카페에서 글 쓰는 일에 익숙한 조앤은 니콜슨에서 '해리 포터' 원고를 썼어요.

거의 매일 조앤은 유모차를 끌고 이스터 가를 따라 중심지까지 산책하며 제시카가 잠들기를 기다렸어요. 제시카가 잠든 것을 확인하면 조앤은 재빨리 니콜슨으로 왔어요. 니콜슨의 구석 자리에서 조앤은 잠든 제시카를 옆에 두고 부지런히 글을 썼어요. 가끔 제시카가 뒤척이면 한 손으로 유모차를 살살 흔들면서 다시 잠들게 했지요. 니콜슨에 손님이 많아서 집중이 되지 않는 날엔 엘리펀트 카페로 가서 글을 썼어요.

"작가님 오셨어요?"

니콜슨의 직원이 커피 잔을 탁자 위에 내려놓으며 반갑게 인사를 했어요. 조앤은 상기된 표정으로 인사를 나누었지요.

조앤 모녀는 곧 니콜슨의 유명인사가 되었어요. 카페 주인인 로저 무어는 조앤이 아내의 언니라는 사실을 일부러 알리지 않았어요. 직원들이 조앤을 손님으로 깍듯하게 대해 주기를 바랐기 때문이죠. 직원들은 조앤을 특별한 손님으로 생각해서 자리를 맡아두기도 하고 말없이 커피 잔을 다시 채워주고 가기도 했답니다.

조앤은 주위 사람들이 고마웠어요. 모두들 자신을 격려하고 응원한다고 생각했죠. 그럴수록 조앤은 힘을 내서 '해리 포터'를 써내려 갔답니다. 조앤은 언제나 펜으로 직접 글을 썼어요. 타이프라이터를 가지고 다니는 게 불편하기도 했지만, 머리에 떠오르는 이야기를 종이 위에 써내려가는 것이 오랫동안 몸에 밴 습관이었거든요.

유모차에서 잠든 아기 옆에서 노트에 열정적으로 글을 쓴 뒤 그것을 뜯어내서 몇 번이고 다시 읽는 조앤은 카페 직원들뿐 아니라 카페 앞을 지나다니는 동네 사람들에게도 익숙한 풍경이 되었답니다. 밤에 제시카가 잠이 들면 조앤은 노트를 꺼내서 낡은 타이프라이터로 원고를 치면서 다시 한 번 다듬는 작업을 했어요.

조앤 롤링, 스토리텔링의 힘을 보여 줘

기적은
준비된 사람의 몫

"그런데 원고를 묶은 바인더가 참 독특했어요. 그래서 자연스레 개요에

눈이 갔고 대충 읽어 보니 걸작의 요소가 모두 들어 있지 뭐예요."

크리스토퍼 리틀 에이전시의 브리오니 에번스

조앤 롤링은 드디어 원고를 완성했어요. 이제 '해리 포터'를 세상에 내놓는
일만 남았지요. 하지만 그것은 쉬운 일이 아니었어요. 복사비를 아끼기 위
해 일일이 원고를 다시 타이핑해서 복사본을 만들었지만, 돌아오는 건 거
절의 편지들뿐이었어요. 하지만 조앤은 '해리 포터'가 서점에 진열되어 사
람들을 만날 그 날이 오리라 굳게 믿었어요.

제시카와 함께 살아남기

조앤은 '해리 포터'를 완성하기로 마음 먹었지만 제시카와 함께 살기 위해서는 돈이 필요했어요. 오늘도 조앤은 우체국으로 발길을 옮겼어요. 생활보조수당을 받기 위해서였답니다. 물론 생활보조수당은 제시카를 키우기에 턱없이 부족한 액수였어요. 그래서 조앤은 하루 중 잠깐 동안이라도 일할 수 있는 직업을 구하려고 했어요. 하지만 직업이 무엇이든, 또 얼마를 벌든, 직장을 다니면 생활보조수당을 받을 수 없다는 사실을 알게 되었어요.

그래서 이번에는 제시카를 맡길 공립 보육시설을 찾아봤어요. 제시카를 맡기고 일하면 생활보조수당을 받지 않아도 생계를 꾸릴 수 있을 거라고 생각했거든요. 하지만 공립 보육시설에서는 제시카보다 훨씬 가난한 집의 아이들만 받아준다는 대답이 돌아왔어요.

제시카를 비싼 사설 보육시설에라도 보내려면 조앤이 월급을 많이 받는 직장에 다녀야 한다는 결론이 나왔어요. 하지만 보육시설에 제시카를 맡기기 전에는 어떤 직장도 구할 수 없었지요.

"혼자 아이를 키우는 여자들은 어떻게 하라는 거야…."

조앤은 이러지도 저러지도 못하고 절망감에 빠져 버렸어요. 가난은 덫과 같았어요. 더욱이 아기를 혼자 키우는 엄마로서 그 덫을 빠져나오는 것은 불가능할 것 같았지요. 고민을 거듭하던 끝에 조앤은 괜찮은 직업을 찾을 때까지 제시카와 함께 조금 더 고생을 해야겠다고 결심했어요.

조앤은 프랑스와 포르투갈에서 영어 선생님을 했던 경험을 떠올렸어요. 조앤은 지루하게 반복되는 것은 딱 질색이었어요. 그런데 학생들과의 수업에서는 새로운 시도를 해 볼 수 있어서 좋았지요. 창의적인 수업을 할 때 학생들이 즐거워하는 모습을 보는 것이 조앤에게는 가장 큰 보람이고 기쁨이었어요.

그래서 조앤은 영어 선생님 일을 찾기로 했어요. 하지만 외국에서보다 영국에서 영어 선생님이 되는 것이 훨씬 더 어려웠어요. 대학원을 졸업해야 교사 자격증을 받을 수 있었거든요. 대학원 수업을 들으려면 제시카를 근처에 사는 친구에게 잠깐이라도 맡겨야 했기 때문에, 조앤은 집 근처에서 대학원 과정을 밟을 수 있는 곳을 찾았어요. 에딘버러에 있는 헤리엇대학 모레이하우스에 영어 교사 자격증을 받을 수 있는 현대언어프로그램이 있었어요. 그룹과제, 작문, 모의수업, 면접 등 입학시험은 까다로웠지만 조앤은 무사히 통과했어요. 1995년 1월, 조앤은 8월부터 시작하는 대학원 1년 과정에 합격했답니다.

합격 소식을 들은 조앤은 하늘을 날 것처럼 기뻤어요. 포르투갈에서 어린 딸과 함께 도망치듯 떠나온 뒤 조앤이 스스로 이뤄낸 첫 번째 성과였거든요. 물론 제시카를 키우는 일과 공부를 함께해야 했지만, 그 정도는 이제까지 겪어온 고생에 비하면 아무 것도 아니었어요. 스물아홉 살의 조앤은 중요한 인생의 진리를 깨달았어요.

내가 다시 행복해질 수 있을까?

'누구든지 성장을 하려면 고통이 따른다.'

어느새 조앤은 제시카 미트포드 못지않은 용감하고 강한 여성이 되고 있었어요.

1995년 여름, 옛 친구가 조앤에게 돈을 빌려줘서 제시카를 사설 보육시설에 맡길 수 있게 되었어요. 조앤은 이제 공부에만 전념할 수 있었답니다. 게다가 스코틀랜드 교육산업부에서 장학금도 받게 되었어요. 조앤은 이제 생활보조수당을 받지 않아도 된다는 사실에 기쁨을 감출 수 없었어요. 게다가, 이즈음에 조앤 모녀를 두려움에 떨게 했던 제시카의 아빠, 호르헤 아란테스와의 이혼이 결정되었답니다. 이제 제시카와 함께 걸어온 어두운 터널은 그 끝이 보이는 것 같았어요.

'해리 포터'를 완성하다

1995년 말, 늦은 밤 조앤은 주방 탁자 앞에 앉아 있었어요. 탁자 위에는 한 뭉치의 원고가 놓여 있었답니다. 조앤은 두툼한 원고를 천천히 손바닥으로 쓰다듬었어요. 아직은 종이 뭉치에 불과한 원고인데도, 살아있는 사람처럼 따뜻한 온기가 느껴졌어요.

조앤은 곤히 잠든 제시카를 향해 울 것 같은 표정으로 말했어요.

"제시카, 드디어 해리가 태어났어. 오늘 밤, 바로 여기에서."

『해리 포터와 마법사의 돌』 원고가 방금 막 완성된 거예요. 조앤은 '해리 포터'에 대한 생각이 처음 떠오른 뒤 5년 동안 자신이 겪은 일들을 담담하게 되돌아보았어요. 그리고 '해리 포터' 시리즈의 첫 번째 이야기를 어떻게 해서든 출간해서 세상의 빛을 보게 해 주겠다고 결심했답니다.

다음날 아침 일찍, 조앤은 에딘버러 중앙도서관으로 달려갔어요. 원고를 쓰는 데만 열중했지, 원고를 완성한 뒤에 책을 출간하기 위해서는 어떻게 해야 하는지 아는 것이 거의 없었거든요.

조앤은 잠깐 동안 출판사에서 일했던 적이 있었어요. 그때 조앤이 맡은 일은 원고를 투고한 사람들이나 원고 검토를 요청하는 출판에이전시에 거절 편지를 보내는 업무였어요. 출판에이전시란 작가를 대리해서 적당한 출판사를 찾아 책을 출판하는 계약을 맺고 인세를 관리하는 곳이랍니다. 쉽게 말하자면 연예인의 스케줄과 수입을 관리해 주는 연예기획사와 역할이 비슷하다고 할까요?

한 번도 책을 낸 적이 없는 조앤의 입장에서는 직접 출판사 문을 두드리는 것보다는 출판에이전시를 통하는 편이 쉽겠다고 생각했어요. 그래서 조앤은 일단 출판에이전시 목록부터 찾기로 했답니다.

도서관에서 조앤은 『작가와 화가 연감』을 꺼내들었어요. 그 책에서 조앤은 무조건 마음에 드는 이름들을 찾았어요. 에이전시에 대한 정보가 없는 상태라서 어디가 좋은 에이전시인지 알 수 없었기 때문이에요. 조앤은 몇 군데의 에이전시를 고르고 나서 마지막으로 '크리스토퍼 리틀 에이전시'의 연락처도 메모했어요. 그저 '크리스토퍼 리틀'이라는 이름이 마음에 들었기 때문이에요.

집으로 돌아온 조앤은 『해리 포터와 마법사의 돌』 원고의 앞 부분을 일일이 타자기로 쳐서 견본을 몇 부 만들었어요. 복사할 돈이 없었거든요. 원고를 옮겨 쓰는 중간 중간에 조앤은 해리 포터의 모습과 간단한 장면들을 그림으로 그렸어요. 이렇게 하면 원고를 처음 읽는 사람이라도 좀더 쉽게 이해할 수 있을 테니까요.

그다음에 조앤은 반짝거리는 검정색 표지를 만들었어요. 『해리 포터와 마법사의 돌』은 지난 5년 동안 조앤이 겪었던 쓰디쓴 삶과

여기서 잠깐

『해리 포터와 마법사의 돌(Harry Potter and the Sorcerer's stone)』의 원래 제목은 『해리 포터와 철학자의 돌(Harry Potter and the Philosopher's stone)』이었어요. 영국판은 원래 제목대로 『해리 포터와 철학자의 돌』로 출간 되었어요. 중세 시대의 연금술사들은 아연이나 알루미늄 등의 금속을 황금으로 바꿀 수 있는 재료가 있다고 믿었어요. 그 재료를 '철학자의 돌'이라고 불렀지요. 연금술사들은 '철학자의 돌'을 찾아내기 위해 평생을 바쳐 실험을 거듭했답니다.

영국에서는 '철학자의 돌'이라고 하면 마법, 연금술을 쉽게 떠올리지만 미국에서는 '철학자의 돌'이란 용어가 흔히 사용되지 않았어요. 그래서 스콜라스틱 출판사에서는 어린이 독자들이 '철학자의 돌'을 '철학자'의 '돌'로 따로 떼서 읽을거라고 생각했지요. '철학자'라는 단어가 아이들에게 흥미를 불러일으키지 못할 거라고 우려한 스콜라스틱 출판사는 조앤 롤링과 의논해서 미국판 제목을 '철학자'에서 '마법사'로 바꾸었답니다. 우리나라에서도 미국판 제목과 마찬가지로 『해리 포터와 마법사의 돌』로 출간되었어요.

다름없는, 조앤의 분신 같은 원고였어요. 이렇게 소중한 존재를 아무렇게나 묶어서 보내고 싶지는 않았거든요.

조앤은 시간이 많이 걸리고 몸이 고생스럽더라고 이런 노력으로 '해리 포터'가 누군가의 눈에 띄고 인정받을 수 있다면 좋겠다고 생각했어요. 조앤은 검정색 표지로 정성스럽게 감싼 원고를 봉투에 넣고 잘 봉한 다음, 봉투에 입을 맞추었어요.

"행운을 빈다. 해리."

행운은 만들어가는 것

브리어니 에번스는 크리스토퍼 리틀 에이전시 사무실에서 우편물을 개봉하고 있었어요. 크리스토퍼 리틀 사장님의 비서인 브리어니는 매일 아침 사무실에 들어온 우편물을 열어 보는 일로 하루를 시작한답니다. 우편물의 대부분은 출판을 원하는 투고 원고들이었어요. 브리어니는 검정색 표지로 장식한 원고 하나를 슥 훑어보고는 곧장 거절 바구니에 던져 넣었어요. 크리스토퍼 리틀 에이전시는 동화책을 취급하지 않았지요. 『해리 포터와 마법사의 돌』이라는 제목의 원고는 훑어본 내용으로 보나, 곳곳에 들어간 그림으로 보나, 동화책이 분명해 보였거든요.

브리어니는 아침에 거절 바구니에 던진 원고들을 점심시간쯤 다시 한 번 살펴보는 습관이 있었어요. 평소처럼 거절 바구니를 뒤적

내가 다시 행복해질 수 있을까?

이는데, 바구니 속에 있던 반짝이는 검정색 표지가 눈에 띄었어요.

"『해리 포터와 마법사의 돌』? 재미있을 것 같은데?"

사실 브리어니는 동화책 읽는 것을 좋아했어요. 특히 영국의 전통적인 어린이 모험담이나 기숙학교 이야기에 광적인 팬이었지요. 아침에 이 원고를 거절 바구니에 던져 넣으면서도 '나중에 읽어 봐야지' 하고 마음먹고 있었어요.

브리어니는 검정색 표지를 넘기다가 빙그레 웃음지었어요. 앞부분에 전체 줄거리를 요약한 형식은 다른 원고들과 같았지만 『해리 포터와 마법사의 돌』은 다음 페이지에 삽화가 들어 있었거든요. 이마에 번개 모양의 흉터가 있는 더벅머리의 소년이 더즐리의 집 난로 옆에 서 있는 모습이었어요.

"흠, 이 아이가 해리 포터구나."

고개를 끄덕이며 원고를 읽던 브리어니가 갑자기 웃음을 터뜨렸어요. 해리를 괴롭히는 더즐리네 가족이 나누는 대화가 정말 웃겼기 때문이에요. 그날 오후, 투고 원고를 검토하는 업무를 맡고 있는 플뢰르 호울이 사무실에 출근했어요. 브리어니는 책상 위에 놓아둔 검정색 표지의 원고를 집어 들었어요.

"정말 괜찮은 것 같아요. 한번 보실래요?"

플뢰르 호울은 원고를 단숨에 읽어 내려갔어요. 그리고 브리어니와 함께 곧장 크리스토퍼 리틀 사장님에게 갔어요. 물론 반짝이는 검정색 표지의 원고를 손에 들고요.

춤추는 조앤

조앤은 아파트를 드나들 때마다 떨리는 마음으로 우편함을 열어 보았어요. 얼마 전 어떤 에이전시에서 받은 편지에는 조앤의 원고를 거절한다는 짤막한 내용이 적혀 있었지요. 조앤은 정성 들여 만든 검정색 표지와 원고는 반송하지 않고 거절 편지만 보낸 그 에이전시에 화가 났어요. 물론 '해리 포터'가 거절당했다는 사실이 더욱 슬펐지요.

"편지다!"

조앤은 우편함에서 '크리스토퍼 리틀 에이전시'가 보낸 편지봉투를 꺼내 들었어요. 부랴부랴 집으로 들어온 조앤은 주방 탁자 위에 편지봉투를 놓고 한참 동안 가만히 앉아 있었어요. 왠지 그 편지봉투 안에도 거절 편지가 들어 있을 것만 같아서 봉투를 열기가 두려웠어요. 조앤은 제시카에게 물었어요.

"제시카, 이 안에 뭐가 있을까?"

제시카는 손가락을 빨며 뭐라고 옹알거렸어요. 조앤은 빙긋 웃으며 혼자 대답했지요.

"해리 소식이 있을 거야. 그렇지?"

조앤은 떨리는 손으로 편지봉투를 뜯었어요. 그리고 단숨에 편지를 읽은 후 숨조차 크게 내쉬지 않고 여덟 번을 내리 다시 읽고 또 읽었어요. 그러고는 의자에서 벌떡 일어났어요.

내가 다시 행복해질 수 있을까?

"제시카! 아가야! 나머지 원고를 보내 달래. 세상에! 세상에…!"

조앤은 제시카를 끌어안고 탁자 주위를 빙글빙글 돌며 춤을 추다가 멈춰 서서 큰 소리로 편지를 읽었어요.

"감사합니다. 다른 회사에는 보내지 마시고 저희 회사에만 나머지 원고를 보내 주시길 바랍니다."

봉투 안에는 브리어니의 답신이 들어 있었답니다.

조앤 롤링, 스토리텔링의 힘을 보여 줘

해리 포터,
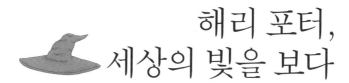
세상의 빛을 보다

"처음에 전 귀를 의심했어요. '지금 책이 출판된다고 하셨어요?
정말 그 책이 출판될까요?' 하고 좀 멍청하게 묻기까지 했어요.
전화를 끊은 뒤에는 소리를 지르며 뛰어다녔죠."

조앤 롤링

작가가 되고 싶었던 조앤 롤링의 꿈이 서서히 현실로 나타났어요. 하지만
그 꿈이 앞으로 어떤 기적을 일으키게 될지 조앤 자신도 예상하지 못했지
요. 해리 포터는 자신이 앞으로 이 세상에 어떤 마법을 보여줄지 알고 있
었을까요?

내가 다시 행복해질 수 있을까?

드디어 이루어진 오래된 꿈

일주일도 되지 않아 조앤의 『해리 포터와 마법사의 돌』 원고가 크리스토퍼 리틀 저작권 대행사에 도착했어요. 원고를 애타게 기다리던 브리어니는 원고가 도착하자마자 그 자리에서 뜯어서 읽어 버렸어요. 그러고는 곧장 사장님에게 원고를 보여 주었어요.

"사장님, 정말 재미있어서 도저히 중간에 내려놓을 수 없는 그런 소설이에요."

크리스토퍼 리틀은 밤을 새워 조앤의 원고를 읽었어요. 그리고 다음날 아침, 브리어니와 함께 원고에 대해 토론을 했답니다. 토론이 끝나고 브리어니는 다시 조앤에게 연락을 했어요.

"네빌 롱바텀을 좀 더 부각시키고 퀴디치 게임의 규칙에 대한 설명을 추가하는 쪽으로 원고를 수정해 주실 수 있을까요?"

조앤은 가능하다고 흔쾌히 대답했어요. 그 부분은 분량이 너무 많은 것 같아서 빼놓은 부분이었거든요. 이렇게 몇 번 연락이 오고 간 뒤 조앤은 크리스토퍼 리틀 에이전시와 계약했어요.

『해리 포터와 마법사의 돌』과 관련하여 영국에서 발생하는 총 수익의 15퍼센트, 영화화 및 미국과의 번역 거래 시 발생하는 수익의 20퍼센트를 크리스토퍼 리틀 에이전시에 지급하는 조건이었어요. 계약 기간은 1996년부터 2001년까지 5년이고, 그 다음부터는 매년 갱신하기로 했고요.

아직 책이 출판된 건 아니지만, 에이전시가 원고에 관심을 갖는 다는 사실만으로도 조앤은 마냥 기뻤어요. 계약서를 보내는 우편 요금조차 부담이 될 정도로 가난했지만, 자신이 쓴 '해리 포터'에 기 대를 거는 첫 번째 독자들 덕분에 행복했죠. 조앤은 동네 서점 앞을 지나면서 눈을 반짝였어요. 이제 조금만 더 있으면 '해리 포터'가 저 곳에 놓일 수 있겠다는 희망에 발걸음마저 가벼웠지요.

『해리 포터와 마법사의 돌』을 출판사에 소개하는 일은 조앤의 열 렬한 팬이 된 브리어니가 맡았어요. 보통 에이전시에서 출판사에 검토용 원고를 보낼 때는 열두 부 정도 준비해서 열두 곳의 출판사 를 동시에 알아본답니다. 하지만 『해리 포터와 마법사의 돌』은 무 려 200페이지에 가까운 두꺼운 분량이었어요. 복사비도 만만치 않 아서 브리어니는 우선 원고를 세 부만 준비해 출판사 세 곳의 문을 두드렸답니다.

가장 먼저 펭귄 출판사가 거절의 편지를 보내왔어요. 그 다음은 트랜스월드 출판사였는데, 이 회사에서는 원고를 검토하는 직원이 아파서 자리를 비운 바람에, 브리어니가 돌려달라고 요청할 때까지 봉투도 뜯지 않고 서류함에 보관해 두었답니다. 이렇게 출판사에 원고를 보내고 거절 편지와 함께 원고를 돌려받는 일이 열두 번이 나 반복되었어요. 지치기 시작한 브리어니는 마지막으로 블룸즈버 리 출판사에 원고를 보냈어요. 블룸즈버리 출판사는 그 무렵 동화 책 분야를 막 시작했는데, 200페이지에 달하는 원고를 받아든 편집자 베리 커닝햄은 눈이 번쩍 뜨이는 것 같았어요.

"와, 정말 신 나고 재미있는 원고인 걸? 완전히 상상의 세계를 다루고 있지만 어린이들이 빠져들 정도로 작가의 감각이 완벽해. 그런데 원고가 조금 길군. 작가도 아직 한 번도 책을 출간하지 않은 무명작가이고."

베리 커닝햄은 동화책 팀에서 함께 일하는 동료들에게 이 원고를 보여줬어요. 모두들 이 원고에 대해 열광적인 반응을 보였지요. 이 정도 원고라면 어린이들의 투표로 좋은 책을 선정하는 '네슬레 스마티즈 상'을 받을 수 있겠다는 반응까지 보였답니다.

어린이들도 동료들처럼 이 원고를 좋아할지 걱정이 된 베리 커닝햄은 블룸즈버리 출판사 사장의 여덟 살 난 딸인 알리스 뉴튼에게 원고를 보여 줬어요. 그런데 단숨에 첫 번째 장을 읽은 알리스는 곧바로 다음이 궁금하다며 다음 원고를 달라고 졸랐어요.

약 한 달 뒤, 베리 커닝햄은 『해리 포터와 마법사의 돌』의 출간 조건으로 선인세 1500파운드약 255만 원를 크리스토퍼 리틀 에이전시에 제안했어요. 마침 하퍼콜린스 출판사도 『해리 포터와 마법사의 돌』에 관심을 보이고 있었어요. 브리어니는 양쪽 출판사의 의견을 서로에게 알려 주었어요. 그러자 하퍼콜린스 출판사에서 먼저 연락이 왔답니다.

"정말 마음에 드는 원고이긴 하지만 블룸즈버리 출판사와 같이 입찰을 하기에는 시간이 충분하지 않네요. 그러니 블룸즈버리 출판사와 우리 출판사 가운데 좋은 쪽과 계약하세요."

하퍼콜린스 출판사의 대답에 따라 결국 『해리 포터와 마법사의 돌』은 블룸즈버리 출판사와 계약을 맺게 되었어요.

조앤은 에딘버러에서 런던으로 향하는 기차에 올랐어요. 블룸즈버리 출판사에서 점심 식사 초대를 했기 때문이지요. 런던에 도착한 조앤은 먼저 유명한 장난감 가게인 햄리에 들렀어요. 제시카의 장난감을 사기 위해서였어요. 무일푼으로 제시카와 함께 영국으로 돌아왔을 때, 조앤 모녀의 담당 공무원이 낡은 장난감을 가져다 준 적이 있었어요. 그 장난감은 낡다 못해 더럽고 망가진 것들이었어요. 그날 조앤은 그 장난감을 모조리 내다버렸답니다. 한없이 흐르는 눈물을 닦으며 돈을 벌면 가장 먼저 제시카의 장난감을 사주겠다는 결심을 했어요.

『해리 포터와 마법사의 돌』의 선인세를 받은 조앤은 마침내 그 약속을 지키게 되었답니다. 장난감을 사서 가게를 나서며 조앤은 트로피라도 받은 것처럼 마음이 뿌듯했어요. 장난감을 받아들고 기뻐할 제시카의 모습이 눈앞에 선했답니다.

조앤은 출판사로 갔어요. 연락만 주고받았을 뿐, 베리 커닝햄의 얼굴을 실제로 보는 것은 처음이라 낯설었지만 '해리 포터' 이야기에 대한 자부심을 숨길 수는 없었어요. 조앤은 아이들이 '해리 포터' 이야기를 좋아할 것이라고 굳게 믿었어요. '해리 포터' 이야기를 읽으며 즐거워할 아이들의 얼굴을 상상하며 원고를 썼기 때문이지

내가 다시 행복해질 수 있을까?

요. 조앤 자신도 원고를 쓰면서 힘을 얻고 행복했답니다. 블룸즈버리 출판사 사람들은 모두 조앤의 이야기에 감동했어요.

하지만 점심 식사가 끝날 무렵, 베리 커닝햄은 조앤에게 넌지시 말했어요.

"해리 포터는 정말 재미있고 굉장한 이야기예요. 하지만 동화책으로는 절대 돈을 벌지 못해요. 요즘 어린이들에게는 책보다 더 재미있는 것들이 주변에 넘쳐나거든요. 그래서 동화책 출판사들이 다들 어려운 상황이죠. 그러니 생활비를 벌어서 좀더 안정적으로 원고를 쓰고 싶다면 직장을 찾아보는 게 좋을 것 같습니다."

조앤은 베리 커닝햄의 말을 듣고도 놀라지 않았어요. 조앤이 어렸을 때도 친구들은 책을 읽기보다 텔레비전 보는 것을 더 좋아했지요. 요즘 어린이들에게는 텔레비전뿐만 아니라 각종 게임과 놀거리들이 더 많아졌으니 책을 읽지 않는 것이 당연했어요. 아마 출판사에서는 두께도 만만치 않은 마법사 이야기를 얼마나 많은 어린이들이 읽을지 걱정을 하는 모양이었어요. 조앤은 차분히 자기 생각을 베리 커닝햄에게 말했어요.

"'해리 포터'는 어린이들만 대상으로 쓴 것은 아니에요. '해리 포터'를 쓰는 내내 저도 무척 행복했고, 위안과 용기를 얻었어요. 해리가 꼭 나 자신인 것 같아서 해리가 잘되기를 간절히 바랐지요. 저처럼 해리 포터를 좋아하는 독자를 만날 수 있다면, 그 숫자가 많든 적든 상관없이 작가로서 만족할 수 있어요."

베리 커닝햄은 조앤의 대답을 듣고 오히려 마음을 놓았어요. 조앤이 자기 작품을 어떻게 생각하는지 확인할 수 있었거든요. 작가가 이만큼 무한한 애정과 자신감을 갖고 있는 작품이라면 어떤 독자에게 내놓아도 부끄럽지 않을 정도로 충분히 훌륭한 작품이라는 것을 베리 커닝햄은 알고 있었답니다.

J. K. 롤링이란 필명을 얻다

블룸즈버리 출판사에서 『해리 포터와 마법사의 돌』을 편집 중이던 어느 날, 크리스토퍼 리틀 에이전시에서 조앤에게 연락이 왔어요.

"조앤, 작가 이름에 관해서 상의할 것이 있어요."

"보통 여자 어린이들은 남성 작가의 책을 읽지만 남자 어린이들은 여성 작가의 책을 사지 않아요. 왜 그런지는 모르겠지만 출판업계에서는 공공연한 비밀이죠. 그래서 작가의 이름을 바꿨으면 하는데, 어떻게 생각해요?"

조앤은 흔쾌히 대답했어요.

"좋아요. 그럼 어떻게 바꿀까요?"

"조앤의 이름을 머리글자로 바꾸면 어떨까요? 그럼 J. 롤링이 되는데, 너무 심심하긴 해요."

조앤은 잠시 생각에 잠겼어요. 본래 이름에 관심이 많은 터라 자기 이름을 새로 짓는 데 신중할 수밖에 없었어요. 그때 문득 캐슬린 할머니가 떠올랐어요. 어린 시절 마음껏 가게 놀이를 할 수 있도록 허락해 주셨던 친할머니였지요. 조앤은 입을 열었어요.

"J. K. 롤링, 어때요?"

크리스토퍼 리틀은 잠시 이름을 입속으로 되뇌어 보더니 곧장 밝은 목소리로 대답했어요.

"아, 좋아요. 그런데 K는 무슨 이름의 이니셜이죠?"

조앤은 웃으며 대답했어요.

"제 상상력의 원천이 되어주신 저희 할머니 성함이 캐슬린Kathleen 이었어요."

조앤은 전화를 끊고 부엌 탁자 앞에 앉았어요. 탁자 위에 메모지를 꺼내놓고 'J. K. 롤링'을 몇 번 휘갈겨 썼어요.

"책이 나온 후 독자들에게 사인을 해 주려면 당황할지도 몰라. 그러니까 미리 연습을 해 둬야지."

조앤은 혼자 으스대며 몇 번이고 사인 연습을 했어요. 조앤의 얼굴에서는 웃음이 떠나지 않았답니다. 하지만 이때까지도 이 사인을 얼마나 많이 하게 될지 조앤 롤링 자신도 알지 못했지요.

흥미진진한 이야기를 만드는 조앤 만의 비법

스코틀랜드 예술위원회에서는 작가들을 지원하는 장학금을 계획하고 있었어요. 스코틀랜드에 살면서, 책을 출판한 적이 있는 작가들의 작업을 돕기 위한 프로그램이었답니다. 조앤은 아직 책을 내진 않았지만 블룸즈버리 출판사와 계약을 맺고 있었으니 장학금에 지원할 자격은 충분했어요. 그새 조앤은 대학원을 졸업하고 영어 교사 자격증을 받았지만, 교사로 취직해서 일할 시간이 없었어요. '해리 포터' 이야기의 두 번째 책을 써야 했거든요. 조앤은 출판사의 베리 커닝햄과 논의한 끝에 스코틀랜드 예술위원회의 장학금에 지원하기로 했어요.

조앤은 스코틀랜드 예술위원회에 『해리 포터와 마법사의 돌』 원고 일부를 보내면서 일곱 권으로 된 시리즈를 쓸 계획이라고 밝혔어요. 예술위원회에서는 조앤의 원고를 읽고 좋은 반응을 보였답니다. 얼마 뒤 조앤은 스코틀랜드 예술위원회의 장학금 중 최고 액수인 8000파운드약 1360만 원를 받게 되었어요. 이 돈은 이제까지 조앤이 한꺼번에 받은 돈 중에 최고 액수였어요. 더욱이 이 장학금은 '해리 포터' 이야기가 훌륭한 작품으로 인정받았다는 증거이기도 했답니다.

조앤은 이제 아무런 걱정 없이 열심히 '해리 포터' 이야기를 쓸 수 있게 되었어요. 조앤은 이런 현실이 도무지 믿어지지 않았죠. 조앤의 꿈은 직장을 다니지 않고 오직 글만 쓸 수 있는 전업 작가가 되는 것이었거든요. 그런데 지금 이 순간 조앤의 꿈이 이루어진 거예요.

1997년 6월 30일, 드디어 '해리 포터' 이야기 중 1권 『해리 포터와 마법사의 돌』이 출간되었어요. 조앤이 2권 『해리 포터와 비밀의 방』을 거의 완성했을 때였어요. '해리 포터' 이야기의 첫 책이 출판된 날, 조앤은 너무 기쁜 나머지 하루 종일 책을 들고 에딘버러 거리를 돌아다녔어요. 조앤에게는 이 날이 제시카가 태어난 날 만큼이나 기쁜, 생애 최고의 날이었지요.

놀라운 기적이 일어나다

1997년 1권 『해리 포터와 마법사의 돌』이 출간되었을 때 처음부터 이 책의 탄생을 주목하는 사람은 없었어요. 문학평론가들은 J. K. 롤링이 신인에다 무명작가라는 점과 『해리 포터와 마법사의 돌』이 '마법사들의 기숙학교'를 배경으로 했다는 점만 보고, 뻔한 이야기라고 평가했답니다. 독자들도 『해리 포터와 마법사의 돌』에 무관심했지요. 더욱이 블룸즈버리 출판사는 '해리 포터' 이야기에 할당된 예산이 아주 적어서 홍보 활동을 벌일 여유가 별로 없었어요.

편집자 베리 커닝햄은 이런 상황이 몹시 안타까웠어요. 무명작가의 작품이라는 편견을 버리고 읽어 보면 분명히 열광할 이야기인데 그 가치를 사람들이 몰라주는 것 같아 답답했어요. 하는 수 없이 베리 커닝햄은 『해리 포터와 마법사의 돌』을 직접 소개하기로 했어요. 그는 개인적으로 아는 평론가와 기자들에게 책과 함께 소개 편지를 보냈지요. 그 결과 몇몇 신문과 잡지에 『해리 포터와 마법사의 돌』에 관한 긍정적인 서평을 실을 수 있었답니다.

『해리 포터와 마법사의 돌』은 초판으로 양장본 500부가 출간되었지만, 서점에 배포된 판매용 책은 200부 밖에 되지 않았어요. 나머지 300부는 도서관으로 보내졌지요. 처음 책을 출간하는 무명작가의 경우에는 일단 500부만 찍어서 출판계의 반응을 본 후 추가 인쇄를 결정하는 것이 당시 영국의 관행이었거든요.

『해리 포터와 마법사의 돌』이 출간된 지 사흘 후, 조앤은 크리스토퍼 리틀의 전화를 받았어요. 크리스토퍼 리틀은 몹시 흥분해 있었어요.

"조앤? 지금 여기는 뉴욕이에요. 지금 미국 출판사들이 판권을 사기 위한 경쟁 중인데 잘 될 것 같아요."

조앤은 얼떨떨한 얼굴로 시계를 보았어요. 아침 7시였어요.

"네? 무슨 경쟁이요?"

"무슨 경쟁이긴요, 우리의 '해리 포터' 판권을 사기 위한 미국 출판사들의 경쟁이지요."

크리스토퍼 리틀은 계속 경과를 알려주겠다면서 전화를 끊었어요. 잠시 뒤 전화기가 다시 울렸어요. 다시 크리스토퍼 리틀이었어요. 그런데 이번에는 훨씬 차분한 목소리였어요. 조앤은 '좋은 소식이 아닌가 보다' 하고 짐작했어요. 그런데 크리스토퍼 리틀이 전해 준 소식은 깜짝 놀랄 만한 것이었어요.

"조앤, 스콜라스틱 출판사에서 여섯 자리 숫자의 돈을 내고 우리책의 미국 내 판권을 사기로 했어요. 10분 뒤에 아서 레바인이 전화를 할 거예요. 아서 레바인은 스콜라스틱 출판사의 편집이사예요."

조앤은 멍한 표정으로 전화를 끊었어요. 갑자기 머릿속이 하얘지는 것 같았어요. 조앤은 크리스토퍼 리틀과의 통화 내용을 몇 번이고 되새긴 다음에야 무슨 일이 일어났는지 비로소 깨달았어요.

'스콜라스틱… 여, 여섯 자리면 얼마야?'

손가락으로 여섯 자리 숫자의 금액이 얼마인지 셈을 해 보니 머리가 어지러울 지경이었어요.

잠시 뒤에 정말로 전화벨이 울렸어요.

"스콜라스틱 출판사의 아서 레바인입니다, 조앤 롤링 씨."

"고, 고맙습니다."

조앤은 떨리는 마음을 진정시키며 겨우 대답했어요. 아서 레바인이 활달하게 웃으며 말했어요.

"오히려 제가 고맙습니다. 이제 우리는 이 책이 성공할 수 있도록 열심히 노력해야 합니다."

전화를 끊은 조앤은 이 모든 상황을 믿을 수가 없었어요. 집을 나서서 몇 시간 동안 흥분한 상태로 거리를 헤매고 다녔어요. 집에 와서도 새벽 2시가 넘도록 잠을 이룰 수 없었어요. 그리고 다음 날 아침 일찍 울리는 전화 벨소리에 잠이 깼답니다. 그 후 일주일간 조앤의 전화 벨소리는 끊임없이 울렸지요.

아서 레바인이 영국의 무명작가인 조앤 롤링을 알게 된 것은 아주 우연한 계기를 통해서였어요. 『해리 포터와 마법사의 돌』이 출판되기 얼마 전, 블룸즈버리 출판사에서 일하던 편집자가 스콜라스틱 출판사로 직장을 옮겼는데, 그 사람이 아서 레바인에게 『해리 포터와 마법사의 돌』을 읽어 보라고 강력히 추천했던 거예요.

1997년 4월, 새로 출판할 책을 찾아 볼로냐 국제 도서 박람회로 출장을 간 아서 레바인은 『해리 포터와 철학자의 돌』 견본을 발견했어요. 며칠 전 동료가 추천했던 책이라 더욱 눈에 띄었을지도 몰라요. 아서 레바인은 미국으로 돌아가는 비행기 안에서 『해리 포터와 마법사의 돌』을 단숨에 끝까지 읽었어요. 이 책의 엄청난 잠재력을 눈치 챈 아서 레바인은 무슨 일이 있더라도 이 책의 판권을 확보해야겠다고 결심했어요.

『해리 포터와 마법사의 돌』이 영국에서 출간된 지 사흘 만인 7월 초, 미국 내 판권이 입찰에 붙여졌을 때 관심을 보인 미국 출판사가 스콜라스틱 한 군데만 있었던 것은 아니었어요. 하지만 미국 내 판권 가격으로 10만5000달러약 1억1600만 원를 제시한 사람은 스콜라스틱 출판사의 아서 레바인뿐이었답니다.

『해리 포터와 마법사의 돌』의 미국 내 판권이 10만5000달러에 팔렸다는 사실은 영국뿐만 아니라 전 세계에 충격을 주었어요. 도대체 어떤 내용이기에, 스코틀랜드 출신 무명작가의 첫 작품을 미국의 대형 출판사가 어떤 대가를 치르더라도 출판하고 싶다는 마음을 먹게 만들었는지, 사람들의 궁금증이 부글부글 끓어올랐어요. 이 사건으로 영국 문학평론가들과 독자들은 조앤의 필명인 J.K. 롤링과 '해리 포터' 이야기를 다시 보게 되었고, 『해리 포터와 마법사의 돌』은 삽시간에 유명해졌답니다.

아서 레바인이 『해리 포터와 마법사의 돌』을 알게 된 과정에 대해 운이 좋았다고 생각하는 사람이 많았어요. 하지만 조앤에게 일어난 일은 기적이었어요. 조앤에게 기적이 일어난 것은 아서 레바인 뿐만 아니라 그 어느 누구도 부인할 수 없는 훌륭한 작품을 썼기 때문이에요.

『해리 포터와 마법사의 돌』은 작가의 특별한 재능과 노력, 의지가 없다면 절대로 탄생할 수 없는 훌륭한 작품이었죠. 처음 해리 포터에 대한 생각을 머릿속에 떠올린 이후부터 조앤은 어머니의 죽음과 불행한 결혼 생활, 그리고 이혼 후 딸을 홀로 키우며 겪어야 했던 지독한 가난과 우울 속에서도 '해리 포터' 원고를 손에서 놓은 적이 없었어요. 길고 고통스런 5년의 시간 속에서 조앤이 절망을 이겨 내며 써낸 원고는 독자의 마음을 사로잡고 말았죠. 그러니 아서 레바인 같은 최고의 출판 전문가가 『해리 포터와 마법사의 돌』을 읽어 보고 어찌 그냥 지나칠 수 있었겠어요?

『해리 포터와 마법사의 돌』은 출간된 지 한 달 만에 베스트셀러 목록에 올랐어요. 그리고 11월에는 영국의 뛰어난 동화책에 수여하는 '네슬레 스마티즈 상'을 받았어요. 스마티즈 상은 어린이들이 직접 투표해서 선정하는 상이기에 동화책으로서는 대단히 영광스러운 상이랍니다.

조앤 롤링, 스토리텔링의 힘을 보여 줘

이듬해인 1998년 2월, '브리티시 북 어워드British Book Award' 어린이 책 부문과 '칠드런스 북 어워드'를 잇달아 받게 되었고 출간된 지 1년 만에 7만 부라는 경이로운 판매 부수를 기록했어요.

『해리 포터와 마법사의 돌』 영국 초판본은 출간 10년 후인 2007년, 경매에서 무려 3만3400달러약 3700만 원에 팔리는 기록을 남기기도 했어요.

Magicus Extrimos!
모두의 마음을 모아서!

해리 포터를 수정할
계획은 전혀 없습니다

작가의 길을 걷다

"마음이 시키는 대로 따라야 합니다.
'해리 포터'에서도 요술 지팡이가 마법사를 선택하죠.
그렇듯 요술 지팡이가 당신을 선택하면 그것을 잡도록 하세요."

스콜라스틱 출판사 편집장 아서 레바인

조앤 롤링은 일곱 권에 달하는 '해리 포터' 시리즈의 대장정을 시작했어요. 결코 순조로운 과정은 아니었지만 조앤은 이제까지 시련을 이겨냈던 힘으로 씩씩하게 '해리 포터' 시리즈를 완성해 갔지요. 전 세계의 독자들이 열광했고 조앤 롤링은 셰익스피어보다 유명한 이 시대 최고의 작가가 되었답니다.

가십거리에 몰리는 사람들의 시선

『해리 포터와 마법사의 돌』이 영국에서 출간된 지 얼마 되지 않아 조앤은 훌륭한 기삿거리가 되었어요. 신인 작가의 판타지 소설이 미국 출판사에 유례없는 거액에 팔렸다는 소식은 사람들의 관심을 끌기에 충분했어요. 게다가 조앤이 가난한 싱글 맘이라는 사실은 사람들의 호기심에 불을 지핀 셈이 되었지요.

> "돈 한 푼 없이 최근에 이혼한 엄마가 첫 번째 책을 10만 파운드에
> 팔았다."

조앤은《데일리 메일》을 읽으며 자기도 모르게 한숨을 쉬었어요.
"꼭 내가 엄청난 행운의 주인공인 것처럼 써놨네."
신문 기사에 소개된 조앤은 대단히 불행한 사람이었다가 아주 우연한 기회에 행운의 주인공이 된 것처럼 부풀려져 있었지요.
"힘들었던 것은 사실이지만, 난 그렇게 불행하지 않았어. 나에게는 제시카가 있었으니까. 그래, '해리 포터'를 쓸 때 내가 얼마나 행복했는데…. 이건 모두 사실이 아니야!"
당시 조앤은 스코틀랜드위원회에서 장학금을 받고 있었기 때문에 무일푼도 아니었고, 이혼도 최근이 아니라 거의 2년 전에 했어요. 그리고 저작권료도 10만 파운드약 1억7000만 원가 아니라 10만5000

해리 포터를 수정할 계획은 전혀 없습니다

달러약 1억1600만 원였어요. 조앤은 제대로 사실 확인도 하지 않고 흥미로운 이야기를 지어내기 급급한 기사 때문에 화가 났어요.

> "그녀는 춥고 지저분한 아파트에서 지낼 수 없어서, 딸 제시카를
> 데리고 카페에라도 가야 했고, 어린 딸이 자는 동안 그곳에서 글
> 을 써야 했다."

카페에서 글을 쓰는 것은 조앤의 오랜 습관일 뿐이었어요. 물론 조앤이 살고 있는 집이 춥거나 지저분하지도 않았어요. 조앤은 자신의 작품인 『해리 포터와 마법사의 돌』에는 관심도 없으면서 그저 작가의 사생활만 파헤치려는 기사들에 넌더리가 났어요. 하지만 한동안 신문과 방송은 조앤을 비극적인 드라마의 여주인공이나 로 또에 당첨된 행운아로 몰아붙이는 일을 멈추지 않았어요.

그러던 중 조앤이 가장 우려하는 일이 벌어졌어요. 한동안 소식이 끊겼던 조앤의 전 남편 호르헤 아란테스가 나타난 거예요. 조앤이 신문과 방송에 오르내릴 만큼 유명해진 사실은 포르투갈에 살고 있는 호르헤 아란테스에게도 전해졌어요. 아란테스는 곧바로 신문사에 연락을 했어요. 자기가 조앤의 전 남편이라고 밝히고 상당한 돈을 받기로 약속하고는 인터뷰를 했답니다.

공교롭게도 그 무렵 조앤은 미국의 여성지 《글래머》에 '올해의 여성'으로, 《스코틀랜드 온 선데이》에 '스코틀랜드에서 가장 이상적

인 여성'으로 선정되었어요. 그런데 호르헤 아란테스는 자신이 자상하고 따뜻한 남편이자 아버지였다고 거짓말 하며 이혼이 조앤 탓인 것처럼 주장했어요. 심지어 조앤이 『해리 포터와 마법사의 돌』을 집필할 때 자신이 많은 도움을 주었다고 거짓말까지 했어요.

> "내가 조앤에게 이 부분을 고치는 것이 어떠냐고 얘기하면, 조앤은 보통 나의 말을 따라 수정했습니다. 뿐만 아니라 우리는 서로의 글을 읽고 의견을 나누기도 했습니다."

　호르헤 아란테스의 인터뷰는 조앤을 몹시 화나게 만들었어요. 인터뷰를 했던 신문사에서도 호르헤 아란테스의 말이 앞뒤가 맞지 않는다는 것을 알게 되었지요. 결국 호르헤의 주장이 대부분 거짓말이라는 사실이 밝혀졌어요. 당연히 호르헤 아란테스는 신문사로부터 받기로 했던 돈을 한 푼도 받지 못했답니다.

　『해리 포터와 마법사의 돌』이 베스트셀러의 자리에 다가갈수록, 조앤이 유명해질수록 그녀의 불행했던 과거를 들춰내고 깎아내리려는 기사가 늘어났어요. 조앤은 이제는 거의 아물었다고 생각했던 상처가 온 세상에 공개되고 그 상처가 덧나는 것 같았어요.

　"글만 열심히 쓰면 좋은 작가가 될 줄 알았는데…. 난 뭘 해도 안 되는 사람인 걸까?"

　사람들은 좋은 책보다 질투심 섞인 호기심을 채워줄 가십거리를

해리 포터를 수정할 계획은 전혀 없습니다

더 좋아한다고 조앤은 생각했어요. 카페에 앉아서도 멍하니 앉아서 낙서만 하는 날이 많아졌답니다.

'사람들은 변할 수 없는 나의 과거만 공격하고 있어. 나는 아무것도 할 수 없어.'

한동안 아무것도 쓰지 못하고 우울하게 지내던 조앤의 머릿속에 문득 불행했던 지난 시절이 떠올랐어요. 그리고 매번 좌절할 때마다 자신을 일으켜 세워준 것이 무엇이었는지 생각해냈어요.

"'해리 포터'를 세상에 내놓고 싶었던 마음, 사람들을 행복하게 만들어주는 멋진 작품을 쓰고 싶었던 마음, 그래, 그거였어."

조앤은 벌떡 일어났어요.

"내 앞에 어려움이 없었다면 과연 나는 『해리 포터와 마법사의 돌』을 완성할 수 있었을까?"

조앤은 이제 강해지기로 했어요. 아이를 위해 초인적인 힘을 발휘하는 용감한 엄마처럼, 조앤은 '해리 포터'를 위해 섣불리 좌절하거나 포기하지 않기로 했어요. 그것은 언제나 삶의 중심이었던 제시카를 위한 결심이기도 했답니다.

조앤은 신문이나 방송의 인터뷰를 신중하게 선택하기로 했어요. 인터뷰의 중심은 반드시 '해리 포터'로 정하고, 자기 개인사에 흥미 위주의 관심을 갖는 인터뷰는 단호하게 거부했답니다. 어른들의 일 때문에 제시카가 상처를 받지 않도록 하기 위해서였지요. 그러기 위해 우선 조앤은 제시카를 언론사나 사람들의 이목으로부터 철저하게 차단하기로 했어요.

조앤은 동생 다이앤의 집과 가깝고, 좋은 초등학교가 있는 헤이즐뱅크 테라스라는 동네에 집을 구했어요. 제시카에게는 침실을, 조앤에게는 작업실을 줄 수 있는 아늑하고 안전한 아파트였어요. 그 동네에서 조앤은 자신이 '해리 포터'의 작가 J.K.롤링이라는 사실을 아무도 모르도록 생활했어요. 동네 사람들은 아이를 학교에 데려다 주고 마중 나오는 엄마들 중에 자기 아이가 열광하는 베스트셀러 작가가 있다는 사실을 꿈에도 몰랐어요. 조앤은 제시카의 엄마로, 평범하게 살 수 있다는 것이 행복했답니다.

조앤은 '해리 포터'와 관련한 행사도 크게 벌이지 못하게 했답니다. 독자들을 만나는 행사도 꼭 필요한 경우에만 했어요. 이런 결정을 내리면서 조앤은 마음이 많이 아팠어요. 조앤은 어린이 독자들을 만나고, 어린이들의 반응을 보고 듣는 것을 무척 좋아했기 때문이지요. 조앤은 독자들을 직접 만나지 않는 대신 독자들과 소통할 수 있는 새로운 방법을 고민해야 했답니다.

두번째 책 쓰기가 더 힘들어

2권『해리 포터와 비밀의 방』은 1권『해리 포터와 마법사의 돌』원고를 출판사에 넘긴 직후인 1996년 8월부터 쓰기 시작했어요. 이미 전체 이야기의 구상을 마친 상태라, 조앤은 2권을 쓰는 데 별 다른

해리 포터를 수정할 계획은 전혀 없습니다

어려움이 있을 것이라고 생각하지 않았어요. 1권『해리 포터와 마법사의 돌』이 출간되었을 때 2권의 원고도 거의 완성한 상태였답니다.

그런데 1권『해리 포터와 마법사의 돌』이 뜻밖의 반응을 일으켰어요. 미국 출판사에 판권이 엄청난 금액에 팔린 것을 계기로 세상의 관심이 J.K. 롤링이라는 무명작가에게 집중되었어요. 그리고 1권이 날개 돋친 듯 팔리기 시작한 거예요. 갑자기 몰아닥친 변화의 소용돌이 속에서 가장 당황한 사람은 다름 아닌 조앤이었어요. 2권 원고를 도무지 마무리할 수가 없었거든요.

모든 작가들이 가장 쓰기 힘들어 하는 책이 바로 데뷔작 다음에 나오는 책이에요. 데뷔작의 반응이 좋을수록 작가는 다음 책을 내는 것이 더욱 부담스럽지요. 첫 번째 책보다 두 번째 책의 반응이 나쁠까 봐 두렵기 때문이랍니다. 조앤 역시 1권『해리 포터와 마법사의 돌』의 반응이 폭발적이었기에 두 번째 책을 마무리하는 것이 더 힘들었어요. 출판사의 독촉에 2권『해리 포터와 비밀의 방』원고를 넘겨 놓고도 마음이 몹시 불안했답니다. 고민 끝에 조앤은 블룸즈버리 출판사에 연락 했어요.

"죄송하지만… 6주 정도 시간을 더 주시면 안 될까요?"

베리 커닝햄은 조앤에게 최대한 배려해 주고 싶어서 흔쾌히 6주의 시간을 더 기다리기로 했답니다. 조앤은 2권『해리 포터와 비밀의 방』을 다시 꼼꼼하게 다듬었어요. 약속했던 6주 뒤, 조앤은 기쁜 마음으로『해리 포터와 비밀의 방』원고를 출판사에 넘길 수 있었답니다.

1998년 7월, 마침내 2권 『해리 포터와 비밀의 방』이 출간되었어요. 2권 『해리 포터와 비밀의 방』은 1권보다 빨리 베스트셀러의 자리에 올랐고, 1권에 이어 스마티즈 상을 수상했어요. '브리티시 북어워드British Book Award' 어린이 책 부문도 최초로 2년 연속 상을 받는 기록을 세웠어요.

치밀한 관찰력으로 탄생시킨 해리 포터의 사람들

조앤에게 『해리 포터와 비밀의 방』은 남다른 의미가 있어요. 조앤이 생각한 2권의 주제는 관용이었죠. 해리 포터와 친구들 사이에서 관용을 통해 다져진 우정은 볼드모트를 물리칠 만큼 강력한 힘을 발휘했답니다.

"이 책은 제가 어려울 때마다 큰 힘이 되어준 나의 친구, 숀 해리스에게 바치는 책이랍니다."

조앤은 기회가 있을 때마다 숀 해리스에 대한 이야기를 했어요. 숀 해리스는 조앤이 어려울 때마다 결정적인 도움을 준 친구였고, 조앤은 늘 숀 해리스에게 감사한 마음을 갖고 있었어요. 그러다 보니 조앤은 자신도 모르는 새 해리 포터의 절친한 친구 론을 숀 해리스와 많이 닮은 모습으로 그렸답니다.

해리 포터 시리즈가 2권까지 출간되면서 주요 등장인물들이 대

해리 포터를 수정할 계획은 전혀 없습니다

부분 독자에게 소개 되었답니다. 사람들은 특이하고 재미있는 캐릭터들 때문에 해리 포터 이야기를 더 좋아하게 되었어요. 더불어 조앤이 어떻게 이렇게 재미있는 인물들을 많이 만들어냈는지, 궁금해 했어요.

해리 포터 시리즈에 등장하는 인물들은 대부분 조앤이 실제로 만난 사람들로부터 출발했어요. 해리 포터를 괴롭히지만 좋은 사람인지 나쁜 사람인지 끝까지 헷갈리는 세베루스 스네이프 교수는 초등학교 시절 조앤을 괴롭히던 실비아 모건 선생님으로부터 영향을 받았어요.

"내 책에 나오는 스네이프의 성격을 만들어 내는 데 영향을 준 사람이 많이 있지만 특히 모건 선생님의 영향은 지대하죠. 그분은 정말 무시무시했거든요."

실비아 모건 선생님의 모습은 미네르바 맥고나걸 교수의 엄격한 성격에서도 엿볼 수 있지요. 중학교 시절 화학선생님인 존 네틀십 선생님도 스네이프 교수의 성격을 창조하는 데 많은 영향을 미쳤다고 해요. 헤르미온느 그레인저는 조앤 자신의 어린 시절과 많이 닮았어요. 조앤 역시 부스스한 빨강머리에 도서관에서 책속으로만 파고드는 공부벌레였거든요. 해리 포터나 론 위즐리라는 친구 덕분에 우정과 정의가 인생에서 중요하다는 것을 깨달으면서 성장하는 모습까지 조앤을 꼭 닮았어요. 해리가 위험에 처했을 때 든든한 버팀목이 되어주는 론 위즐리는 앞서 얘기한 것처럼 숀 해리스를

조앤 롤링, 스토리텔링의 힘을 보여 줘

모델로 했지요.

조앤의 삶은 우리가 흔히 상상하는 천재 작가의 삶과는 달랐어요. 학교 다닐 때는 선생님과의 갈등으로 힘들어 했고, 가족 문제로 우울해 하고 방황하기도 했어요. 원하는 대학에 진학하는데 실패했고, 취직을 해서도 일을 잘하지 못해 번번이 해고되곤 했지요. 하지만 조앤은 자신의 장점인 관찰력과 집중력을 활용해서 삶 속에서 부딪히는 무수한 사건들을 이야기로, 무수한 인물들을 캐릭터로 창조해냈어요.

'해리 포터' 이야기를 총 일곱 권의 시리즈로 쓰겠다고 계획을 세울 때부터 조앤은 시시때때로 머릿속에 떠오르는 사건, 소재, 주제, 이미지를 바로 메모해서 각 권에 맞게 분류해 두었답니다. 11살에 호그와트에 입학한 소년에게 17살이 될 때까지 많은 변화가 일어나는 것이 당연하지요. 조앤은 해리 포터의 성장과 함께 겪는 모험도 다양하게 달라져야 한다고 생각했답니다.

오랜 시간에 걸쳐 '해리 포터' 이야기의 전체 내용을 생각하던 조앤은 등장인물들의 관계도 미리 구상해 두었어요. '해리 포터'와 같이 오랜 시간에 걸쳐 쓰인 긴 이야기들은 자칫하면 이야기의 앞뒤가 맞지 않는 실수가 나오기도 하지요. 조앤은 이 점을 방지하기 위해 머리에 떠오르는 모든 구상들을 기록하고 정리하고 보관했답니다. 이렇게 하면 빠르고 정확하게 다음 이야기, 또 그 다음 이야기를 쓸 수 있으니까요.

해리 포터를 수정할 계획은 전혀 없습니다

예를 들어 1권『해리 포터와 마법사의 돌』에는 해그리드가 오토바이를 타고 와서 아기 해리를 내려놓는 장면이 나와요. 그리고 3권『해리 포터와 아즈카반의 죄수』에서는 해그리드가 아기 해리를 이모네 집으로 데려다주기 전, 시리우스 블랙이 해그리드에게 오토바이를 빌려주었던 전후 사정이 나오지요. 이렇게 조앤은 '해리 포터' 이야기 중 한 장면도 무심하게 넘어갈 수 없도록 치밀하게 이야기를 구성했답니다.

상상을 초월하는 이야기의 힘

『해리 포터와 비밀의 방』을 출간한 뒤 조앤은 해리 포터 이야기가 단순한 인기를 넘어 또다른 기적을 일으킬 수도 있다는 사실을 알게 되었어요. 『해리 포터와 비밀의 방』을 홍보하기 위해 영국 투어를 할 때였어요. 조앤을 찾아온 사람이 있었어요.

"고맙습니다. 정말 고맙습니다."

그녀는 '고맙다'는 말만 되풀이하며 눈물을 흘렸답니다. 조앤은 무슨 일인가 몹시 궁금했지만 그녀가 천천히 말할 수 있도록 기다려 주었어요. 잠시 뒤 그녀는 천천히 이야기를 시작했어요.

"제게는 아홉 살 난 아들이 있습니다. 우리 아이는 실독증_{시각 능력에는 이상이 없지만 글자를 읽지 못하는 증상}을 앓고 있었어요. 저는 다른 아이들이 '해리 포터'에 열광하는 모습을 보면서, 아들이 책을 읽지 못한다는 사실이 더욱 가슴 아팠어요. 그래서 저는 아들에게 '해리 포터'를 큰 소리로 읽어 주었답니다. 하지만 생각보다 두꺼운 책이라 처음 2장까지 밖에 못 읽어 주었어요. 그런데 어느 날 아침에 저는… 혼자 책을 읽고 있는 아들을 발견했어요. '해리 포터'는 우리 아들이 태어나 처음으로 혼자서 끝까지 읽은 책이에요."

어느새 조앤도 함께 울고 있었어요. 누군가를 행복하게 하는 이야기를 쓰고 싶다는 조앤의 소원이 기적을 일으켰던 거예요.

'아이들을 가르치고 통제하는 훈육 따위는 내던져버리고 아이들을 즐겁게 하는 것이 내가 할 일이야.'

아이들은 즐거움 속에서 어른들이 미처 상상하지 못했던 기적을 일궈내는 존재라는 것을 조앤은 깨달았답니다.

해리 포터를 수정할 계획은 전혀 없습니다

폭발적인 인기가 만들어낸 마법 같은 일들

영어판 동시출간의 비밀

1998년 7월, 2권 『해리 포터와 비밀의 방』이 영국에서 출간된 지 한 달 뒤 미국에서 1권 『해리 포터와 마법사의 돌』이 출간되었어요. 미국 독자들의 반응은 영국 독자들보다 더 뜨거워서 『해리 포터와 마법사의 돌』은 그해 미국에서 가장 많이 팔린 책이 되었답니다.

2권 『해리 포터와 비밀의 방』을 빨리 읽고 싶어 안달이 난 미국 독자들 가운데 미국판 『해리 포터와 비밀의 방』을 기다리지 않고 영국에 직접 주문하는 사람도 생겨났어요. 이대로 상황을 방치하면 미국 독자를 영국 출판사에 빼앗길 위기에 처하게 된 거죠. 그래서 스콜라스틱 출판사는 '해리 포터' 시리즈가 출간되는 시기를 영국의 블룸즈버리 출판사와 비슷하게 맞추기로 했어요. 그 결과 3권 『해리 포터와 아즈카반의 죄수』는 영국에서 출간된 지 2개월 뒤 미국판이 나왔고, 4권 『해리 포터와 불의 잔』부터는 미국, 캐나다, 오스트레일리아 등이 영국과 같은 날짜, 같은 시각에 동시 출간하게 되었어요.

서점 앞에서 밤을 새는 사람들

2000년 7월 8일 출간된 4권 『해리 포터와 불의 잔』은 발매 첫날 영국에서만 37만2775부가 판매되었고, 미국에서는 이틀 만에 300만 권이 팔려나갔어요. 이 기록은 지금까지의 책 판매 기록을 경신한 거였어요. 하지만 2005년 7월 16일 발매된 6권 『해리 포터와 혼혈왕자』는 판매 첫날 900만 부가, 7권 『해리 포터와 죽음의 성물』은 1100만 부가 팔리면서 이전의 모든 기록을 잇달아 깼답니다.

그러다 보니 '해리 포터'는 출간된 날 매진되는 일이 허다했어요. 빈손으로 돌아갈 것을 걱정해서 출간 일 전날부터 서점 앞에 줄서서 밤을 새우는 사람들도 엄청나게 많았어요. 서점들은 출판사로부터 '해리 포터'를 한 권이라도 더 받고 싶어 안달이 났어요.

해리 포터 열풍은 영어권 국가들에만 불어 닥친 게 아니었답니다. 독일에서도 '해리 포터' 시리즈가 독일어로 번역될 때까지 참지 못해 영어판을 사 보는 사람들이 많아졌어요. 그래서 영어로 쓰인 '해리 포터' 시리즈가 독일 베스트셀러 목록에 오르는 신기한 일이 벌어지기도 했어요. 프랑스에서도 마찬가지였죠. 우리나라에서도 번역본을 기다리지 못해 '해리 포터' 영어판을 구입해서 읽는 독자들이 꽤 많이 생겨났답니다.

나오지 않은 책이 베스트셀러가 되다

밤새워 서점 앞에서 줄을 서지 않고도 출간 일에 책을 받아보고 싶은 독자들은 온라인 서점에 6개월 전부터 사전 예약을 했어요. 그래서 온라인 서점에서는 아직 출간되지도 않은 '해리 포터'가 베스트셀러가 되고, '사전 예약제'라는 새로운 판매기법이 확고히 자리잡게 되었어요.

'해리 포터' 책을 사려고 기다리는 독자들

해리 포터를 수정할 계획은 전혀 없습니다

'해리 포터'를 불태우는 사람들

"'해리 포터'에는 죽음과 증오, 존경심의 결여, 악의 존재가 심각하

게 묘사되어 있다."

　　3권 『해리 포터와 아즈카반의 죄수』가 출간되었을 때 미국 남 캐롤라이나 주 교육위원회는 이렇게 주장했어요. 오스트레일리아 퀸즐랜드의 한 사립학교에서도 '해리 포터' 시리즈가 폭력적이고 위험한 내용을 담고 있다는 이유로 도서관에 비치하는 것을 거부했어요. 몇몇 기독교 학교들은 책에 마술이나 점성술의 내용이 있음을 알리는 경고 스티커를 붙여야 한다고 주장하기도 했어요. 미국의 한 교회에서는 "'해리 포터'가 어린이들을 마술이라는 환상에 빠지게 해 마녀나 마술사가 되고 싶게 한다."면서 수백 명의 군중이 모인 가운데 책을 불태우며 시위를 벌이기도 했어요.

　　기독교 분야만 '해리 포터'를 비판적으로 본 것은 아니었어요. 어떤 교육 전문가는 '해리 포터' 시리즈가 어린이들에게 '소년이 소녀보다 우수하다'는 그릇된 인식을 심어준다고 주장하기도 했어요. 예를 들면 헤르미온느가 위험에 처할 때마다 해리가 도와줌으로써 아무리 똑똑하고 도덕심이 강한 헤르미온느라도 해리 앞에서는 무기력한 인물로 묘사된다는 점이 논란이 되었답니다.

　　'해리 포터'에 대해 이렇게 비판적인 이야기가 나오는 것은 작가

나 출판사에게 불안한 일이었어요. 솔직히 조앤도 자기 작품에 대해 이런 비난이 쏟아질 것이라고는 예상하지 못했답니다. 앞으로 출간될 '해리 포터'의 내용을 일부라도 수정하는 것이 어떻겠냐는 권유를 하는 사람까지 생겨났어요.

몇날 며칠을 고민한 끝에 조앤은 인터뷰를 통해 자기 생각을 전달하기로 했어요. 종교계의 비난에 대해서는 이렇게 대답했어요.

"해리는 순수한 마법사의 혈통을 가진 아버지와 머글로 태어난 엄마 사이에서 태어난 아이입니다. 해리의 이야기는 단지 현대사회를 반영하고 있을 뿐입니다."

소녀를 비하한다는 주장에 대해서는 이렇게 대답했지요.

"내 작품의 주인공은 열한 살 소년이에요. 아직 어린 해리의 삶에서 소녀가 차지하는 비중은 작을 수밖에 없어요. 이것은 해리가 성장하면서 점차 소녀의 역할이 늘어난다는 것을 의미합니다. 지금으로서는 열한 살 소년의 이야기에 다소 건방지면서도 멋지고 수학도 잘하고 기계도 잘 고치는 다재다능한 소녀를 등장시키는 것이 어울리지 않는다고 생각해요."

미국 스콜라스틱 출판사도 입장을 발표했어요.

"비판당하는 것이 두려워서 문제가 되는 부분을 수정할 계획은 전혀 없습니다."

작가와 출판사 모두 '해리 포터'를 지키겠다고 결심한 거예요. 입장은 이렇게 발표했지만, 사실 독자들의 반응이 어떨지는 아무도

해리 포터를 수정할 계획은 전혀 없습니다

알 수 없었답니다. 그런데 '해리 포터'를 사랑하는 사람들은 작가와 출판사의 말에 환호성을 터뜨렸어요. 해리 포터를 꿋꿋하게 지키겠다는 '용감한' 조앤의 인기는 더욱 높아졌지요. '해리 포터'의 팬들 사이에선 해리와 조앤을 지키기 위해 뭉쳐야 한다는 움직임도 있었답니다. 결과적으로 책은 더 많이 팔리게 되었어요. '해리 포터'를 둘러싼 논란이 커지면서 오히려 호기심이 발동해서 읽어 보고 싶다는 사람들이 늘었기 때문이랍니다.

1999년 7월, 영국에서 3권 『해리 포터와 아즈카반의 죄수』가 출간된 지 3일 만에 6만8000부가 팔려나갔어요. 어린이 판타지 문학의 본고장인 영국에서도 이런 일은 아무도 상상하지 못했던 일이었지요. 『해리 포터와 아즈카반의 죄수』는 해리 포터 1, 2권에 이어 세 번째로 스마티즈 상을 받았어요. 또 브람 스토커 청소년 문학상과 판타지 소설에 수여하는 로커스 상 등 다수의 문학상을 받았고요.

1999년 9월, 미국에서 3권 『해리 포터와 아즈카반의 죄수』가 출간되었을 때는 해리 포터 시리즈의 열풍이 영국과 미국을 넘어 전 세계적으로 불어 닥쳤어요. 해리 포터 시리즈는 27개국 언어로 번역되어 출간되었고, 3000만 부 가까이 인쇄되었답니다.

1999년 여름, 조앤은 인세로만 100만 파운드약 17억 원를 받는 베스트셀러 작가이자 부자가 되었어요. 조앤이 사인회를 위해 나타나는 곳에 수천 명의 군중이 모이는 것은 이제 일상적인 일이 되었습니다.

책과 영화 사이, 원작자의 역할에 충실하다

　미국판인『해리 포터와 마법사의 돌』이 영국과 미국에서 돌풍을 일으키자 갑자기 바빠진 곳이 있었어요. 바로 전 세계 영화 산업의 중심지인 할리우드의 영화 제작사였답니다. 그중 하나인 워너 브러더스 사의 데이빗 헤이만도『해리 포터와 마법사의 돌』에 완전히 매료되었어요. 데이빗 헤이만은 이 책의 가능성을 진지하게 판단해 보고 싶었어요. 그래서 자기 아이들과 아이 친구들에게『해리 포터와 마법사의 돌』을 읽어 보게 했답니다. 아이들의 반응은 폭발적이었어요. 이미『해리 포터와 마법사의 돌』을 읽었다는 아이도 꽤 많았고요.

　데이빗 헤이만은 확신을 가졌어요. 아이들이 이렇게 열광한다는 사실 만으로도 '해리 포터'를 영화로 만들 이유가 충분했으니까요. 게다가, '해리 포터'에는 영화로 표현하기 적당한 시각적 요소가 정말 많았어요. 책을 읽으며 머릿속으로 상상했던 것들을 스크린에서 실감나게 만날 수 있다면, 최고의 영화가 될 것 같았어요.

　한편 조앤은 이미 여러 영화 제작사들로부터 연락을 받았던 참이었어요. 책과는 비교가 안될 만큼 어마어마한 액수의 계약금을 이야기하는 영화사들도 있었어요. 하지만 조앤은 영화 제작을 조금 미루자는 입장이었지요.

　조앤은 처음부터 영화로 만들어질 것을 염두에 두고 '해리 포터'

를 쓴 건 아니었어요.

그래서 조앤에게는 영화 관객보다 독자들이 더 소중한 존재였어요. 혹시나 '해리 포터'가 너무 빨리 영화로 만들어진다면 독자들이 책을 읽으며 상상하고 꿈꿀 수 있는 기회를 빼앗는 것이라고 생각했거든요. 독자들이 '해리 포터' 시리즈를 충분히 즐기고 난 뒤에 영화화해도 늦지 않다는 것이 조앤의 생각이었어요.

하지만 영화제작사 쪽에서는 생각이 달랐지요. '해리 포터'에 대한 관심이 폭발할 때 영화를 만들어야 책과 영화가 서로 상승작용을 할 것이라고 생각했어요. 출판사와 에이전시도 영화화를 일부러 미룰 필요는 없다고 조앤을 설득했지요.

조앤은 모든 것이 어리둥절했어요. 하지만 '해리 포터' 시리즈가 베스트셀러 순위에서 1위를 차지하고 여러 가지 권위 있는 상을 수상하는가 하면 자기 사인을 받기 위해 몰려드는 사람들을 보며 '해리 포터'가 가지고 있는 인기와 가능성을 이해하기 시작했답니다.

이제 조앤은 성공한 작가였어요. 성공한 작가로서 그녀가 해야 할 일이 분명해 졌어요. 자신이 창조해낸 세계가 영화나 장난감으로 만들어지는 과정에서 이상하게 바뀌는 것을 막아야만 했어요.

"'해리 포터' 시리즈는 전형적인 영국 이야기이라고 생각해요. 미국 사람이 등장하지도 않고 미국을 배경으로 하지도 않아요."

조앤은 미국 영화 시장에서 성공하기 위해 해리 포터의 캐릭터나 배경을 바꾸는 일은 없을 것이라고 힘을 주어 강조했어요.

"호그와트에 미국인 교환학생이 등장하는 일도 없을 거예요."

조앤의 걱정은 또 있었어요.

"해리 포터의 모습이 패스트푸드점의 포장 상자에 등장하는 것은 절대 용납할 수 없어요. 해리가 맥도날드 해피밀의 싸구려 장난감으로 만들어지는 건 상상만으로도 끔찍해요."

영화제작사와 협상할 때, 작가는 캐릭터를 상품에 사용하는 권한을 영화 판권과 함께 계약하는 경우가 일반적이에요. 하지만 조앤은 영화제작사가 마음대로 캐릭터 상품을 기업과 계약하지 못하게 해야겠다고 생각했어요. 영화가 아무리 원작에 충실하게 작가의 뜻대로 만들어진다 해도, 캐릭터 상품이 함부로 제작된다면 '해리 포터'의 이미지는 크게 망가질 것이 분명했기 때문이에요.

조앤은 영화와 관련된 지식을 공부하고 영화 판권 협상과 관련된 전문 지식들을 익혔답니다. 누가 '해리 포터'를 영화로 만들더라도 자신이 나서서 작품을 보호하지 않으면 원작을 해치게 될 것이라고 생각했어요.

1999년 말, '해리 포터'의 영화화 이야기가 나온 지 2년 만에 조앤과 워너브러더스 영화제작사 사이에 계약이 이루어졌어요. 데이빗 헤이만이 조앤과 길고 긴 줄다리기를 벌인 끝에 결국 계약을 체결하는 데 성공한 거예요. 얼마나 비싼 가격에 영화 판권이 팔렸는지에 세상 사람들과 언론의 대대적인 관심이 쏠렸어요. 그런데 계약 내용이 공개되었을 때 모두들 깜짝 놀랐지요. 계약 금액이 생각보

해리 포터를 수정할 계획은 전혀 없습니다

다 높지 않았기 때문이에요. '해리 포터'의 세계적인 인기에 비한다면 계약금 100만 달러약 11억1000만 원는 큰돈이 아니었거든요.

하지만 조앤은 계약에 무척 만족했어요. 물건을 팔아치우듯 '해리 포터'를 영화제작사에 넘겨버린 게 아니었기 때문이지요.

워너브러더스와의 계약에 따라 조앤은 앞으로 영화와 관련된 모든 과정에 의견을 내놓을 수 있고 그 의견은 존중받게 되었어요. 영화 시나리오에도 영향력을 행사할 수 있게 되었고 특히 해리 포터를 어떤 종류의 상품에 이용할 것인지에 대한 결정권도 조앤이 갖게 되었어요. 영국에서 판매되는 의류, 게임, 음료 등에 해리 포터를 사용하는 권한을 통해 조앤은 많은 돈을 벌게 되었답니다. 워너브러더스 사는 그 밖의 상표권을 확보하게 되었어요.

워너브러더스 사와 조앤 롤링의 계약은 영화 한 편에만 한정된 것은 아니었어요. 처음부터 조앤은 '해리 포터' 시리즈가 일곱 권으로 완성될 것이라고 했어요. 따라서 영화도 7편 시리즈로 제작되어야 했답니다. 당시까지 출간된 책은 3권뿐이었지만 모두 베스트셀러 상위권에 들었기 때문에 워너브러더스 사는 과감하게 시리즈 전체를 영화화하는 계약을 진행했답니다.

조앤 롤링, 스토리텔링의 힘을 보여 줘

책에서 빠져나온 해리 포터

영화로 만나는 '해리 포터'

조앤 롤링과 계약을 맺은 뒤 워너브러더스 사가 가장 먼저 한 일은 감독을 정하는 것이었어요. 여러 명의 감독들을 후보로 놓고 고심한 끝에 크리스토퍼 콜럼버스를 감독으로 선택했어요. 크리스토퍼 콜럼버스는 〈나 홀로 집에〉와 〈미세스 다웃파이어〉의 감독이자 어린이 판타지 모험 영화인 〈그램린〉, 〈구니스〉의 극작가이기도 했어요.

크리스토퍼 콜럼버스는 영화 〈해리 포터〉의 감독으로 결정되자마자 영국에 있는 조앤을 만나러 갔어요. 영화의 전체적인 분위기를 좌우하는 사람은 감독도, 촬영 감독도 아닌 원작자 조앤이었으니까요. 조앤은 크리스토퍼 콜럼버스 감독을 만나고 아주 기뻐했어요. '아이들과 마법에 애정을 가진 감독'이라는 평가를 받는 이 사람이야말로 '해리 포터'를 영화로 만들기에 가장 알맞은 인물이라고 생각했답니다.

▶ 해리 포터 캐스팅
▶ 영화 해리포터 시리즈 포스터

해리 포터를 수정할 계획은 전혀 없습니다

배우 캐스팅부터 세트 디자인, 각본에 이르기까지 조앤은 자신의 상상과 아이디어를 제공하고 영화 제작과 관련된 의사 결정에 참여했답니다. 영화 분야는 조앤 롤링에게 낯선 것투성이였지만 절대로 소홀히 할 수는 없었어요. 이 모든 것이 해리 포터를 가장 해리 포터답게 지키기 위한 노력이었기 때문이에요.

▶ 영화 속 호그와트로 촬영된 글로세스터 대성당
(Gloucester Cathedral)
▶ 글로세스터 대성당
▶ 런던 킹스크로스 역

무엇보다 조앤은 책 속의 등장인물에 어울리는 배우를 찾기 위해 골몰했어요. 특히 주인공인 해리 포터를 찾는 데는 영화제작사 역시 신중할 수밖에 없었지요. 전국의 학교를 돌며 오디션을 열었고, 신문에서는 '해리 포터 닮은 어린이 찾기'를 보도했답니다. 조앤은 오디션에 참가한 어린 배우들의 스크린 테스트 결과를 직접 검토했어요. 그러던 중 다니엘 래드클리프의 얼굴을 보게 되었답니다. 조앤의 눈이 휘둥그레졌지요. 더벅머리에 초록빛 눈동자, 동그란 금테 안경을 쓴 깡마른 소년은 오래 전 『해리 포터와 마법사의 돌』을 쓰면서 그녀가 상상했던 바로 그 해리 포터였거든요. 조앤은 마치 옛날에 잃어버린 아들을 찾아낸 것만 같은 감동을 느꼈답니다.

해리 포터의 역할은 당연히 다니엘 래드클리프의 차지가 되었어요. 해리 포터의 역할을 맡았을 때 다니엘은 너무 기뻐서 엉엉 울었다고 해요. 헤르미온느 역할에는 엠마 왓슨, 론 위즐리 역할에는 루퍼트 그린트가 결정되었어요.

캐스팅의 열기는 촬영 장소를 선정할 때도 이어졌어요. 수많은 관광지들이 이 영화에 촬영 장소를 제공하겠다고 나섰어요. 영화 제작팀은 고민 끝에 글로세스터 성당을 호그와트 학교로 결정했답니다. 다른 촬영 장소들은 주로 영국 허트포드셔 리브스덴에 있는 워너브러더스 스튜디오에서 세트로 정교하게 제작했어요. 그리고 이 모든 촬영 장소를 철저히 비밀에 붙였어요.

'해리 포터' 속의 모든 공간

▶ 호그와트 촬영지 더햄 성당(Durham Cathedral)의 회랑.
▶ '해리 포터' 영화의 주촬영지로 쓰인 워너브러더스 사 스튜디오. 영국 허트포드셔 리브스덴에 있으며 '해리 포터' 투어 방문객들이 자주 찾는 명소가 되었다.
▶ 24분의 1 크기로 축소된 호그와트 외관. 워너브러더스 리브스덴 스튜디오에 있다.

해리 포터를 수정할 계획은 전혀 없습니다

은 실제로 존재하는 공간이 아니에요. 오직 조앤 롤링이라는 작가의 머릿속에서 새롭게 탄생한 공간이지요. 그런데 '해리 포터' 영화를 보던 사람들이 화면을 가리키면서 "어? 저기 가봤는데!"라고 말한다면 영화를 보는 재미가 뚝 떨어질 거예요.

그래서 영화를 촬영한 곳이 어디인지 관객들이 알 수 없도록 하겠다는 것이 이 영화를 제작할 때 또 하나의 원칙이었답니다.

캐릭터가 된 '해리 포터'

조앤 롤링은 '해리 포터' 영화 제작에 관여하는 일 외에도 여러 기업들을 만나야 했어요. 기업들이 해리 포터의 이미지를 여러 가지 상품으로 만들어 팔고 싶어 했기 때문이에요.

처음에 조앤은 해리 포터를 상품화하자는 제안들을 모두 거절했어요. 해리 포터 시리즈를 사랑하는 독자들은 '해리 포터'를 읽으며 감동하고 해리 포터가 자신인 것처럼 생각해요. 그런데 만약 독자들의 마음속에 만들어진 해리 포터의 이미지와 다른 모습의 해리 포터가 상품으로 나타난다면 독자들이 혼란스러워 하거나 실망할 것이 분명하기 때문이에요.

하지만 다른 한편으로는 팬들이 해리 포터를 다양한 방법으로 만날 수 있게 하는 것도 중요하겠다고 생각했답니다.

결국 조앤은 해리 포터의 이미지가 망가지지 않을 정도라면 상품화 할 수 있겠다는 결정을 내렸어요. 조금이라도 해리 포터의 이미지와 어울리지 않을 것 같은 제안은 받아들이지 않았답니다. 예를 들어 맥도날드의 제안은 거절했어요. 패스트푸드의 캐릭터 상품이 얼마나 큰돈을 벌어들이는지 알고 있었지만 조앤은 미국의 대표적인 기업 '맥도날드'의 '해피밀'과 해리 포터는 어울리지 않는다고 생각했기 때문이에요.

반면에 코카콜라와는 제휴를 맺었어요. 코카콜라가 어린이 독서교육을 하는 자선 단체에 기부금을 내고, '해리 포터' 영화에 코카콜라 제품이 절대 등장하지 않으며, 코카콜라 홍보물에 '해리 포터' 책, 영화의 이미지를 사용하지 않는다는 조건이었어요. 조앤은 이렇게 요구 조건들을 지키게 함으로써 해리 포터의 이미지가 변질되는 것을 철저하게 막았답니다.

코카콜라 외에도 레고, 마텔 등 장난감 회사, 게임, 온라인 업체들을 통해서 해리 포터의 이미지가 활용되었어요. 이때도 조앤이 끝까지 지켰던 조건은 시장에 해리 포터와 관련된 상품이 넘쳐나지 않게 하는 것이었어요. 물론 큰돈을 벌 수 있는 기회였지만 조앤은 돈보다 해리 포터의 이미지가 더 중요하다고 생각했어요. 그것이 해리 포터를 사랑하는 독자들의 기쁨을 빼앗지 않기 위한 배려이고 주인공 '해리'에 대한 작가의 의무이자 책임이라고 생각했답니다.

이렇게 철저한 작가의 고집 덕분에 독자들은 아주 오랫동안 '진짜 해리 포터'를 기억하고 사랑할 수 있었어요. 해리 포터는 텔레비전만 틀면 튀어나오는 캐릭터가 아니에요. 그렇지만 DVD, 오디오북, 비디오 게임으로 '진짜에 가까운 해리 포터'를 만날 수 있게 되었어요.

해리 포터 게임

마트의 과자 봉지들 틈에서 흔하게 해리 포터를 발견할 수는 없지만, 그 대신 영국왕립우체국이 발행한 최고급 기념우표 세트로 나오고, 해리 포터의 책이나 영화에 등장하는 명소를 여행할 수 있는 여행 상품권을 통해 우리가 '상상했던 모습과 똑같은 해리 포터'를 만날 수 있게 되었답니다.

해리 포터를 수정할 계획은 전혀 없습니다

세계가 인정하는 작가가 되다

4권 『해리 포터와 불의 잔』을 쓸 때는 조앤을 둘러싼 환경이 훨씬 안정되고 평온해졌답니다. 1권과 2권의 성공에 이어 일부 부정적인 반응을 일으킨 3권까지도 성공을 거두고 나니 이젠 자신감이 생겼어요. 세계적인 베스트셀러 작가로서, 더 이상 돈 걱정 없이 미리 구상해 놓았던 대로 4권을 쓰기만 하면 되었어요. 그런데 4권의 이야기를 절반 정도 썼을 때 조앤은 깜짝 놀랐어요.

"처음 세 권의 경우에는 미리 짜둔 구상이 잘 들어맞았어요. 하지만 4권을 쓸 때는 줄거리를 세밀하게 살피지 못했던 것 같아요. 이야기의 절반을 쓴 상태에서 '이크!' 하고 놀라는 일이 벌어졌어요. 줄거리의 중간에 커다란 구멍이 생겼던 거예요."

조앤은 나중에 인터뷰에서 그때의 심경을 이야기했답니다. 조앤은 4권 『해리 포터와 불의 잔』을 쓰면서 가장 고생을 많이 했어요. 1권부터 3권까지의 원고는 전체 이야기를 쓰고 난 뒤에 줄거리를 바꾼 적이 없었어요. 하지만 4권은 조앤이 만족스러워할 만큼의 이야기가 쉽게 나오지 않았답니다. 이전 원고에 비해 분량이 훨씬 많았지만 이야기가 술술 풀리지 않아 조앤의 마음에 들 때까지 무려 열세 번이나 고쳐 쓴 부분도 있었어요. 독자들과 출판사 생각에 마음은 더욱 조급해졌답니다. 하루에 10시간씩 꼬박 글쓰기에 매달렸지만 출판사와 약속한 원고 마감일을 두 달이나 넘기고 말았어요.

원고 탈고가 점점 늦어지자 목이 빠져라 책을 기다리는 독자들을 위해 조앤은 인터뷰를 자청했어요. 인터뷰는 물론이고 좀처럼 대외적인 활동을 하지 않는 조앤에게는 특별한 일이었어요.

"이번에 출간될 4권에서는 등장인물 중 한 사람이 최초로 죽음을 맞이할 것입니다."

조앤의 말 한마디는 사람들의 관심을 최고조로 끌어올렸어요. 제목은 물론이고, 줄거리도 철저히 비밀에 부쳤기 때문에 사람들은 모이기만 하면 4권의 내용이 어떻게 될지 추측을 쏟아내기 바빴어요. 4권의 제목이 『해리 포터와 퀴디치 월드컵』이라는 잘못된 기사가 나오기도 했어요. 독자들은 등장인물 중 죽는 사람이 론이나 헤르미온느가 아니기를 진심으로 기도했어요.

한편 출판사에서는 '포터 4'라는 암호명으로 4권의 견본 원고를 편집하고 제작했어요. 출판사와 인쇄소 직원들도 '포터 4'를 절대 외부로 유출하지 않겠다는 서약을 해야만 했지요. 심지어 가족에게도 보여줄 수 없도록 했답니다. 이렇게 '해리 포터'와 관련된 여러 가지 소식들은 독자들의 호기심에 부채질을 했어요.

2000년 7월 8일 밤 12시, 드디어 4권 『해리 포터와 불의 잔』이 영국, 미국, 캐나다 등 영어권 국가에서 동시 출간되었어요. 영국 출판사에 독자를 빼앗기지 않으려는 다른 나라 출판사들의 요구도 있었지만, 사실은 작가 조앤 롤링의 특별한 요청이 있었기 때문이에요. 조앤은 『해리 포터와 불의 잔』 말미에 중요한 반전을 숨겨 놓았어

해리 포터를 수정할 계획은 전혀 없습니다

요. 그런데 만약『해리 포터와 불의 잔』이 여러 나라에서 제각각의 날짜에 출간이 된다면 나중에 출간되는 나라의 독자는 책을 읽기도 전에 뉴스를 통해 결말을 알게 되어 반전을 즐기지 못할 것이라 생각했답니다.

7월 8일이 되자 아침부터『해리 포터와 불의 잔』을 판매하는 서점 앞에는 마치 월드컵 결승전 입장권을 사러 온 사람들처럼『해리 포터와 불의 잔』을 사려는 사람들이 모여들었어요. 단지 책을 구입하기 위해 서점 앞에 그렇게 긴 줄이 늘어선 것 자체만으로도 대단한 뉴스거리가 되었답니다.

한 온라인 서점에서는 출간 당일까지 접수된 주문이 29만 권에 이르렀다고 해요.『해리 포터와 불의 잔』초판은 영국, 캐나다, 호주, 미국 등 영어권 국가를 합쳐 530만 부를 인쇄했어요. 보통 베스트셀러라고 하면 2만 부 정도 인쇄해요. 그렇게 따지면 530만 부를 인쇄한『해리 포터와 불의 잔』이 얼마나 대단한 인기를 끌었는지 가늠할 수 있을 거예요.

명예 박사학위보다, 훈장보다 소중한 사람들

『해리 포터와 불의 잔』을 출간한 후 조앤은 명예 문학박사학위를 받기 위해 모교인 엑서터 대학으로 갔어요. 엑서터 대학의 교정에 들어서자 조앤은 묘한 기분이 들었어요. 공부보다는 놀기와 책읽기에 바빴던 대학 시절이 새록새록 떠올랐거든요. 평점 2.2점이라는 저조한 성적으로 대학을 졸업한 조앤으로서는 졸업 13년 만에 명예 문학박사학위를 받는다는 사실이 믿어지지 않았어요.

이날 조앤을 가장 기쁘게 한 건, 오랜만에 아빠를 만난 일이었어요. 엄마가 돌아가신 후 아빠는 재혼을 하셨고 조앤은 여러 가지 이유로 그동안 아빠와 소원하게 지내고 있었거든요. 아빠는 조앤이 대학을 졸업하던 그때처럼 흐뭇한 표정으로 딸이 명예 박사학위를 받는 모습을 지켜보았답니다.

학위를 받은 조앤은 교수님들과 후배 대학생들을 향해 감동적인 연설을 했어요. 변변치 않았던 직장 생활과 몇 차례 소설을 써 봤지만 결코 만족스러운 글을 쓸 수 없었던 경험을 솔직하게 털어놓았어요. 대학을 졸업한 뒤 인생의 낙오자가 되지 않을까 두려웠다는 이야기를 할 때는 후배 대학생의 공감을 크게 얻었어요.

"가난과 환멸이 두려웠습니다. 작가가 되고 싶었지만 내 꿈에 나 자신을 온전히 바칠 수 있을지 확신할 수 없었어요."

조앤은 남편과 헤어진 뒤 직업도 없이 혼자 딸을 키워야했던 시련 속에서 오히려 작가로서의 자질을 시험해 볼 용기를 얻었어요.

"부유한 2류 사무직원보다 출판된 책 하나 없는 가난한 작가로 사는 것이 훨씬 행복했습니다."

조앤은 후배들에게 확신에 찬 어조로 말했어요.

"실패가 두려워서 자신을 구속해서는 안 됩니다. 여러분 자신이

해리 포터를 수정할 계획은 전혀 없습니다

조앤이 다녔던 엑서터 대학교의 캠퍼스 전경

백악관 부활절 행사에서
책을 낭독하는 조앤 롤링

엑서터 대학교에서
명예박사학위를 받은 조앤 롤링

아닌 다른 사람의 기대에 부합해 인생을 살아서도 안 됩니다. 자신이 원하는 것이 아니면 전력을 다할 수 없고, 전력을 다할 수 있는 일을 찾아야 가장 충만한 삶을 살 수 있습니다."

조앤의 연설은 감동적이었어요. 삶에서 깨달은 진리는 사람들의 마음을 울리기 마련이랍니다.

2000년 12월, 조앤은 아동문학 부문의 공로를 인정받아 버킹엄 궁에서 여왕이 내리는 훈장을 받게 되었어요. 그런데 조앤은 제시카가 아프다는 이유로 갑자기 일정을 취소했어요. 사실 제시카는 아프지 않았어요. 훈장을 받기로 했던 그날, 조앤은 크레이그 록허트 초등학교에서 딸이 출연한 크리스마스 연극을 지켜보고 있었답니다. 다른 엄마들처럼 조앤도 제시카의 크리스마스 연극을 관람하고 제시카와 시간을 보내고 싶었던 거예요. 다행히 왕실은 이 모든 상황을 이해해 주었습니다. 훈장은 나중에 수여할 수 있지만 초등학교의 크리스마스 연극은 연기할 수 없다는 사실을 왕실도 이해했거든요. 조앤은 어린이들이 열광하는 책의 작가답게, 어린 딸과 보내는 시간을 무엇보다도 소중하게 생각했어요.

독자들을 위한 깜짝 선물

4권『해리 포터와 불의 잔』을 성공적으로 출간한 조앤은 그야말로 기진맥진한 상태가 되었어요. 4권을 쓰는 과정이 너무 힘들었

해리 포터를 수정할 계획은 전혀 없습니다

기 때문이에요. 곧바로 5권을 써야 한다는 생각만으로도 두려움이 몰려왔어요. 글쓰기를 세상에서 가장 좋아하는 조앤으로서는 이런 느낌이 처음이었지요. 조앤에게는 지난 몇 년 동안 자신에게 일어난 일들을 차분하게 돌아보고 정리할 시간이 필요했답니다.

"잠시 쉬고 싶어요. 그동안 제시카와 시간을 보내지도 못했고…. 제시카와 함께 여행을 다니면서 재충전을 하고 싶습니다."

조앤은 출판사와 의논을 했어요. 모두가 조앤에게는 휴식이 필요하다는 것을 알고 있었지요. 조앤은 5권을 쓰는 일을 잠시 미루고 제시카와 함께 여행을 다녔어요.

마침 전 해인 1999년에 워너브러더스 사와 영화 제작을 계약한 상태라 조앤은 영화 제작에 몰두할 시간도 필요했어요. 워너브러더스 사에서는 〈해리 포터와 마법사의 돌〉 영화 제작이 한창이었어요. 조앤은 시나리오와 각본을 점검하고 세트장을 방문해서 의견을 내놓으며 모처럼 여유를 만끽할 수 있었답니다.

하지만 조앤의 마음에 걸리는 것이 있었어요. 바로 '해리 포터' 이야기를 목마르게 기다리는 독자들이었지요. 조앤은 사람들이 4권을 얼마나 애타게 기다렸는지 잘 알고 있었어요. 이제는 5권을 그렇게 기다린다고 생각하니 마음 한구석이 조급해지는 것 같았어요.

"해리 포터가 나오지 않는 해리 포터 이야기를 써 보면 어떨까?"

조앤은 다시 책상 앞에 앉아 있는 자신을 발견했어요. 쉬고 싶다고 자기 스스로 말해 놓고도 새로운 구상을 펼치고 있는 조앤은 어쩔 수 없이 작가인 게 분명했지요. 일단 아이디어를 떠올리자 조앤의 머릿속에서는 신 나는 상상의 날개가 활짝 펼쳐졌어요.

"도서관에서 해리와 헤르미온느, 론이 찾아서 읽었던 책을 직접 써 보는 거야. 조앤 롤링이 아니라 마법사 케닐워디 위스프와 뉴트 스캐맨더가 되어서 말이지."

조앤은 곧바로 『퀴디치의 역사』, 『신비한 동물사전』을 써내려갔어요. '해리 포터' 이야기에서 나오는 퀴디치나 신비로운 동물들은 모두 조앤의 상상 속에서 나온 것들이었어요. 조앤은 그 이야기들을 머릿속에 넣고 있었지만 '해리 포터'의 줄거리에선 크게 드러내지 않았기 때문에 사람들에게 제대로 들려줄 기회가 없었지요. 그런데 이번에 그 이야기들을 사람들에게 들려줄 수 있다고 생각하니 조앤은 저절로 신바람이 났어요.

『퀴디치의 역사』, 『신비한 동물사전』은 그동안 '해리 포터' 이야기를 기다리고 사랑해 준 사람들에게 조앤이 보내는 감사의 선물이기도 했어요. '해리 포터' 이야기를 기다리던 사람들은 조앤의 새 책들에 열광했어요. 자신이 진짜 해리 포터, 헤르미온느, 론이 된 기분을 만끽할 수 있었거든요.

2001년 11월, 영화 〈해리 포터와 마법사의 돌〉이 개봉되었어요. 영화 역시 책만큼이나 열광적인 반응을 일으켰답니다. 〈해리 포터와 마법사의 돌〉은 조앤이 보기에도 아주 만족스러웠어요.

12월에 조앤은 닐 머레이라는 의사와 재혼을 했답니다. 그리고

해리 포터를 수정할 계획은 전혀 없습니다

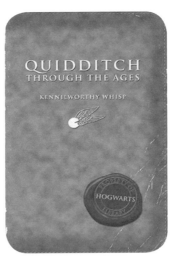

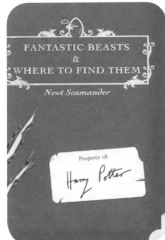

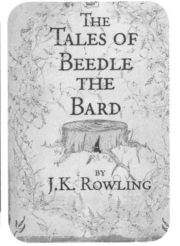

『퀴디치의 역사』, 『신비한 동물사전』, 『음유 시인 비들 이야기』 표지

신혼여행을 다녀올 새도 없이 5권 『해리 포터와 불사조 기사단』을 쓰기 시작했어요. 재충전이 끝나고 다시 작가의 자리로 돌아온 거예요. 글쓰기는 그녀에게 영원한 꿈이고 행복이거든요.

2002년 11월, 영화 〈해리 포터와 비밀의 방〉이 개봉되었어요. 그 무렵 조앤은 『해리 포터와 불사조 기사단』 원고를 완성했죠. 다음 해 봄에는 제시카에게 동생이 생길 예정이었어요. 임신 중에도 조앤은 쉬지 않고 해리 포터 이야기를 썼던 거예요.

"배가 점점 불러오던 어느 날, 크리스마스를 앞두고 드디어 또 한 권을 완성했다는 사실을 깨닫게 되었어요. 얼마나 기쁘고 놀랍던지…. 저는 마지막 장을 쓰고 있었어요. 늘 그렇듯이 조금씩 수정을 하면서 써 나가는데 어느 순간 정신을 차려 보니 마지막 문장을 쓰고 있지 뭐예요! 아니, 이럴 수가, 어느새 책 한 권을 마쳤구나! 나도 모르는 사이에 내가 책을 완성했다는 게 믿어지지 않았어요."

2003년 7월 21일, 5권 『해리 포터와 불사조 기사단』이 드디어 출간되었어요. 자그마치 3년 동안 기다려온 팬들에게는 이 날이 최고의 날이었어요. 5권 역시 영어권 국가들이 동시에 출간했어요. 미국 스콜라스틱 출판사는 초판을 무려 850만 부나 인쇄를 했답니다. 그만큼 열렬하게 기다리고 있는 팬들이 많았기 때문이에요.

5권 『해리 포터와 불사조 기사단』은 지금까지 출간된 조앤의 책 중에서 가장 두꺼운 책이었어요. 무려 870페이지에 달하고 무게도 1.4킬로그램이나 나갔어요. 하지만 어린이 독자들은 이 엄청난 두

해리 포터를 수정할 계획은 전혀 없습니다

께에는 아랑곳하지 않았어요. 두꺼운 책을 밤새워 단숨에 읽느라 '호그와트 두통'이라는 별명이 붙은 증상에 시달리는 어린이들이 속속 발생했답니다.

2004년, 총 다섯 권이 출간된 조앤의 해리 포터 시리즈는 2억 5000만 부 이상 판매되는 기록을 세웠어요. 이로 인해 조앤은 38세의 나이에 자산 규모 약 1조 원의 세계적인 부자가 되었어요.

해리 포터, 7권의 대장정을 끝내다

해리 포터 시리즈는 첫 권이 나올 때부터 전체 시리즈가 일곱 권으로 구성되어 있다는 사실이 세상에 알려졌어요. 그러다 보니 이야기가 막바지에 이를수록 출판사는 골치를 앓았어요. 2005년 7월 16일, 6권 『해리 포터와 혼혈왕자』가 출간된 뒤 결말을 하루라도 빨리, 알고 싶은 팬들의 열망이 점점 더 커졌기 때문이에요.

"해리 포터 시리즈의 결말은 어떻게 될까?"

7권 『해리 포터와 죽음의 성물』의 내용에 대한 팬들의 관심은 극에 달했어요. 팬들의 관심에 기름을 부은 것은 조앤의 한마디였지요. 그것은 1권 『해리 포터와 마법사의 돌』이 출간되었을 때로 거슬러 올라가요. 조앤은 무심코 "7권의 마지막 문장에는 '흉터'라는 단어가 들어갈 거예요."라는 이야기를 했어요. 7권이 나올 때가 되자 이 이야기가 다시 사람들의 입에 오르내리기 시작한 거예요. 독자들은 결말이 과연 어떻게 될 것인지 온라인, 오프라인을 막론하고 온갖 논란과 추측과 상상을 쏟아냈어요. 그만큼 전 세계 독자들은 7권의 결말을 알고 싶어 안달이 났답니다.

2007년, 해리 포터 시리즈의 마지막 권『해리 포터와 죽음의 성물』출간을 앞두고 내용이 새어나가지 않게 하기 위해 방대한 작전이 펼쳐졌어요.

영국의 블룸즈버리 출판사는 인쇄소에 경비원을 배치했어요. 서점에는 안전한 창고에 책을 보관하도록 요청했어요. 마침내 2007년 7월 21일, 출판사에서는 서점에 책을 배포하기 시작했어요. 그것도 책 상자를 쇠사슬로 묶어서 운송하는 모습을 보여 주었어요. 좀 요란하다 싶은 출판사의 방침은 해리 포터 시리즈의 마지막 권을 간절하게 기다리는 독자들의 궁금증을 끓어오르게 했어요.

2007년 7월 22일, 한 편의 영화 같은 이송작전 끝에 '해리 포터' 시리즈의 마지막 권『해리 포터와 죽음의 성물』이 사람들 앞에 모습을 드러냈어요.

이렇게『해리 포터와 죽음의 성물』을 끝으로 조앤은 '해리 포터' 시리즈의 종지부를 찍었답니다. 사람들은 조앤이 혹시나 후속편을 쓰지 않을까 기대하기도 했어요. '해리 포터'가 가르쳐 준 독서하는 기쁨, 기다리는 설렘이 끝난다는 것이 너무 아쉬웠거든요. 그러나 조앤은 단호하게 말했어요.

"해리는 끝났습니다. 추가로 쓸 계획도 없습니다. 후속편인 8권

해리 포터를 수정할 계획은 전혀 없습니다

1권『해리 포터와 마법사의 돌』 2권『해리 포터와 비밀의 방』

3권『해리 포터와 아즈카반의 죄수』 4권『해리 포터와 불의 잔』 5권『해리 포터와 불사조 기사단』

6권『해리 포터와 혼혈왕자』 7권『해리 포터와 죽음의 성물』

은 없을 것입니다."

1997년부터 시작된 조앤의 '해리 포터' 시리즈는 『해리 포터와 죽음의 성물』을 끝으로 대장정을 마쳤어요. '해리 포터' 시리즈는 전 세계에 67개의 언어로 번역 출간되고 약 4억5000만 부가 넘게 팔리는 진기록을 세웠답니다. 특히 『해리 포터와 죽음의 성물』은 출간 첫날에만 1100만 부가 팔려서 전세계 사람들을 다시 한 번 놀라게 했어요. 한편 8편으로 제작된 영화 역시 전 세계에서 77억 달러_{약 8조3000억 원}가 넘는 흥행 수입을 기록했답니다.

해리 포터를 수정할 계획은 전혀 없습니다

어른들까지 매혹시킨 콘텐츠의 힘

"동화책으로는 많은 돈을 벌지 못한다."

이것은 영국뿐만 아니라 전 세계적인 현상이었어요. 인터넷과 게임, 다양한 장난감들이 어린이들을 책에서 멀어지게 했거든요. 더욱이 아이들은 판타지 소설에 열광하지 않는다고 대부분의 사람들이 믿고 있었지요.

그래서 조앤 롤링이 '해리 포터'를 완성했을 때, 블룸즈버리 출판사에서는 큰 기대를 하지 않았답니다. 하지만 조앤 롤링은 모두의 예상을 뒤집고 '해리 포터'로 세계적인 신드롬을 일으키며 성공을 거두었어요. 4권부터 7권까지의 책은 '전 세계에서 가장 빠른 시간에 가장 많이 팔린 책'이라는 신기록을 잇달아 경신하는 진기록을 세웠어요.

더욱더 놀라운 것은 어린이용 판타지 소설이라고 생각했던 '해리 포터'에 어른들이 열광한다는 사실이었어요. 자녀를 위해 '해리 포터'를 읽어 주다가 아이가 잠든 후에도 손에서 책을 놓지 못하고 밤을 새워 다 읽었다는 어른도 많았어요.

블룸즈버리 출판사는 지하철에서 동화책을 꺼내 읽기 민망해 하는 어른들을 위해 페이퍼백으로 '해리 포터' 책을 제작하기도 했어요. 하지만 '해리 포터'에 푹 빠진 어른 독자들은 성인용 버전이 나오기를 기다리는 것조차 힘들어서 어린이용 책을 사갔어요.

도대체 '해리 포터'는 무엇이 달랐던 걸까요?

영국은 세계적으로도 판타지 문학의 역사가 깊은 나라예요. 세계적으로 아동문학이 가장 먼저 발생한 나라인데다가 19세기 낭만주의 판타지 문학으로 아동문학의 새로운 장을 열었던 나라이기도 하지요.

조앤은 어린 시절부터 영국의 다양한 판타지 문학에 빠져들면서 작가의 꿈을 키웠답니다. 엘리자베스 굿지의 『작은 백마』, C. S. 루이스의 『나니아 연대기』, 어슐러 르 귄의 『어스시의 마법사』, J. R. R. 톨킨의 『반지의 제왕』을 책이 너덜너덜해질 때까지 읽었지요. 그리고 대학 시절에는 신화와 전설을 파고들었습니다. 이렇게 조앤의 글쓰기는 영국 판타지 문학의 토양에서 신화와 전설을 양분 삼아 풍성한 열매를 맺었답니다.

어른들은 '해리 포터'에서 자신이 읽었던 고전 판타지 문학을 발견할 수 있었어요. 뿐만 아니라 영국의 신화와 전설이 '해리 포터' 안에 현대적인 모습으로 살아 있다는 것을 확인할 수 있었지요.

또 하나, 판타지 장르라는 포장을 벗기고 보면 전 세계 사람들의 공감을 얻을 수 있는 보편적인 코드가 드러나죠. 외로운 고아 소년이 신 나고 아슬아슬한 모험을 겪으며 차츰 성숙해 가는 과정, 편견에 맞서 싸우는 용기, 친구들과의 뜨거운 우정, 가족 간의 끈끈한 사랑, 사람들 사이의 신의와 배신, 무엇보다 악과의 힘겨운 싸움을 벌이면서 절망을 극복하는 불완전한 영웅의 모습, 그리고 마침내 정의가 승리한다는 희망이 담겨 있어요.

영국의 문화와 전통에 생소한 다른 나라 사람들도 정교하게 얽힌 '해리 포터'의 이야기를 따라 가면서 빠른 전개 속도와 상상력을 자극하는 다양한 장치에 매혹되었어요. 잠시도 긴장을 늦출 수 없는 긴박감은 서스펜스 소설과 영화에 열광하는 요즘 취향과도 잘 맞아떨어지죠.

여기에 조앤 롤링만의 독특한 유머 감각이 곁들여지면서 누구든 한번 책을 읽기 시작하면 쉽게 손에서 놓을 수 없는 현상이 벌어지는 거예요.

해리 포터를 수정할 계획은 전혀 없습니다

'해리 포터'에서 멈추지 않는다

"세상을 바꾸는 데는 마법이 필요하지 않습니다.
이미 그 힘은 우리 내면에 존재합니다.
우리에게는 더 나은 세상을 상상할 수 있는 힘이 있습니다."

조앤 롤링

조앤 롤링은 세계적인 베스트셀러 작가이자 엄청난 부자가 되었어요. 조앤 롤링은 자기 인생만 바꾼 것이 아니었어요. 아이들은 텔레비전과 컴퓨터를 끄고 두꺼운 책을 집어 들었고, 어른들은 상상력 넘치고 모험을 즐기는 소년 소녀로 돌아갔지요. 마법은 '해리 포터'의 주문에서 나오는 것이 아니었어요. 사람들의 마음속에서 진짜 마법이 일어나기 시작했어요.

조앤 롤링, 스토리텔링의 힘을 보여 줘

조앤 롤링이 독자를 만나는 새로운 방법

 '해리 포터' 시리즈를 쓰는 내내 조앤의 머릿속을 떠나지 않는 고민이 있었어요. 전 세계에서 날아오는 수많은 팬레터에 일일이 답변을 해 줄 수도 없고, 일일이 팬 사인회를 통해 독자를 만날 수도 없었지요. 게다가, 조앤은 해리 포터가 활약하는 마법 세계에 버금가는 멋진 방법으로 독자들과 소통을 하고 싶었거든요.

 "해리 포터를 사랑하는 사람들이 많이 모이는 곳으로 내가 직접 찾아가는 건 어떨까?"

 조앤의 얼굴에 슬며시 웃음이 번졌어요. 새롭고 재미있는 방법이 하나둘 머릿속에 떠올랐거든요. '해리 포터' 시리즈가 출간될 즈음, 전 세계적으로 인터넷이 확산되고 있었어요. 인터넷을 활발하게 사용하는 사람들은 청소년들이었지요. '해리 포터'를 읽고 좋아하는 사람들 역시 청소년들이었답니다. 그래서 지극히 자연스럽게 '해리 포터'와 인터넷은 떼려야 뗄 수 없는 관계를 맺게 되었어요. 조앤은 독자들과의 소통 공간을 인터넷에 만들기로 했어요.

 조앤은 웹사이트 www.jkrowling.com를 만들고 영어, 프랑스어, 독일어, 스페인어, 포르투갈어, 일본어 등 다양한 언어로 독자들과 소통했어요. 이 공간에서 조앤은 2004년 12월 20일 『해리 포터와 혼혈왕자』 원고를 출판사에 넘겼다던가, 『해리 포터와 혼혈왕자』가 2005년 7월 16일 미국, 캐나다, 영국, 호주 등 서점에서 동시 발매

해리 포터를 수정할 계획은 전혀 없습니다

된다는 소식을 전하고, 『해리 포터와 혼혈왕자』 내용에 대한 힌트를 넌지시 알리기도 했어요. 팬들은 조앤이라는 세계적인 작가와 이야기를 나누고 가장 빨리 '해리 포터'의 소식을 전해들을 수 있다는 데 열광했어요.

인터넷은 새로운 '해리 포터'들이 창조되는 공간이기도 했어요. 4권 『해리 포터와 불의 잔』이 출간된 이후 5권 『해리 포터와 불사조 기사단』이 출간되기까지 사람들은 3년을 기다려야 했어요. '해리 포터'를 사랑하는 수많은 독자들은 제2, 제3의 조앤 롤링을 꿈꾸며 '해리 포터' 이야기가 앞으로 어떻게 전개될지 다양한 버전의 '해리 포터' 이야기를 만들어 인터넷에 올렸어요. 전 세계 어디에 있건, '해리 포터'의 팬이라면 모일 수 있는 공간이기에, 인터넷에서는 전 세계의 '해리 포터' 마니아들이 만든 수많은 카페와 블로그가 엄청나게 빠른 속도로 생겨났고 이야기로 넘쳐났어요.

처음에 '해리 포터'를 펴낸 출판사들은 이 상황을 접하고 몹시 당황했지만, 조앤은 오히려 즐거워했어요. '해리 포터'에 애정을 가진 팬들이 펼쳐내는 이야기를 읽는 것도 재미있었거든요. 무엇보다 중요한 건, '해리 포터'를 즐기는 새로운 방법이 생겼다는 사실이죠. 작가가 글을 쓰면 독자는 읽는 일방적 방식에서 벗어나, 작가와 독자가 양방향으로 소통하는 방식으로 진화한 거예요. 인터넷 시대의 독자는 문학과 그렇게 관계를 맺고 싶어 한다는 것을 조앤도, 출판 관계자들도 이해하게 되었답니다. 물론 저작권 문제가 발생할

것을 우려하는 목소리도 있었지만 오히려 이것은 '해리 포터'에 날
개를 달아준 결과를 낳았어요. 독자들과 소통하는 문학작품은 그
야말로 빛의 속도로 사람들 속으로 퍼져 나갔으니까요.

이렇게 '해리 포터 후속 이야기 만들기'는 온라인에서 즐기는 일
종의 놀이가 되었어요. 특히 '해리 포터' 팬들의 웹사이트인 머글넷
닷컴Mugglenet.com에 실린 해리의 미래에 대한 추측들, '해리 포터' 시
리즈에 등장하는 인물들의 뒷이야기에 관한 추측들은 책으로 출간
되어 30만 부가 팔리기도 했답니다.

해리와 신 나게 노는 또 다른 방법

사람들에게 '해리 포터'는 단순한 책이 아니었어요. 책을 읽고 감
동받는 데서 머무는 것이 아니라 자신이 직접 해리 포터가 되고 싶
어 했어요. 이런 마음이 모여 현실에서 '해리 포터' 이야기를 재현하
는 축제로 발전했답니다.

4권 『해리 포터와 불의 잔』이 발매되었을 때 조앤은 4일 동안 아
주 특별한 영국 순회 여행을 계획했어요. 조앤은 책 속에서 해리가
탔던 차와 똑같은 청록색 포드 앵글리아를 타고 런던의 킹스 크로
스 역으로 갔어요. 킹스 크로스 역에는 호그와트 마법학교로 가는
통로인 9와 4분의 3 승강장이 재현되어 있었어요. 조앤은 호그와트
급행열차를 재현한 열차를 타고 영국 순회 여행을 시작했어요. 킹

해리 포터를 수정할 계획은 전혀 없습니다

스 크로스 역에는 500여 명의 인파가 모여 '해리 포터' 축제를 벌였고요. 지금도 킹스 크로스 역에 가면 9와 4분의 3 승강장이 있어요. '해리 포터'를 사랑하는 팬은 물론이고 관광객들도 즐겨 찾는 런던의 주요 명소가 되었답니다.

퀴디치는 호그와트 마법학교에서 학생들이 팀을 이뤄 겨루는 운동경기예요. 선수들이 빗자루를 타고 하늘을 날면서 공을 동그란 골대에 넣어 점수를 얻고, 선수들 중 수색꾼이 날개 달린 골든 스니치Golden Snitch를 잡으면 경기를 끝내는 거예요. 해리는 수색꾼으로 눈부신 활약을 벌여요. 물론, 이 모든 것들을 '해리 포터' 이야기에만 나오는 얘기죠.

그런데 '진짜' 퀴디치 경기가 열린 거예요. 2005년, 버몬트 주 소재 미들버리 칼리지의 신입생들이 처음 퀴디치 경기를 시작했는데, 예상외의 인기를 끌게 되자 60개 이상의 팀이 참가하는 퀴디치 월드컵 대회로 발전했어요. 물론 하늘을 나는 빗자루는 없지만 선수들은 다리 사이에 빗자루를 끼우고 열심히 달리면서 동그란 골대에 공을 집어넣었어요. 또 날개는 없지만 반짝이는 금빛 공을 잡기 위해 쫓아 다녔고 관중석에는 마법사 복장을 한 관중들과 부엉이도 등장했어요. 2012년 7월에는 런던올림픽을 기념해서 퀴디치 국제 토너먼트 대회도 열렸답니다.

'해리 포터' 이야기는 책으로부터 빠져나와서 직접 참여하고 즐기는 축제가 되었어요. 문학은 놀이가 되었고 작가, 독자, 출판사,

166//
조앤 롤링, 스토리텔링의 힘을 보여 줘

해리 포터가 호그와트 행 기차를 기다리던
9와 3/4 플랫폼 입구를 표시한
런던 킹스크로스 역 벽면

글래스고우 교통 박물관에 전시된 청록색 포드
앵글리아. 해리스가 몰았던 차와 같은
모델이며, '해리 포터' 이야기에선 호그와트 행
기차를 놓친 해리와 론이 학교까지 타고 가는
자동차로 등장하지요.

머글 퀴디치 경기를 즐기는 사람

올란도 유니버설 리조트의 아일랜드 오브
어드벤처에 있는 '해리 포터의 마법 세계'

서점들은 '해리 포터'로 인해 많은 것을 깨달았습니다. 이제 콘텐츠는 종이책 속에만 갇혀 있지 않다는 것을 말이지요.

세상에 감사하다

해리 포터 시리즈의 연이은 성공으로 세계에서 손꼽히는 부자가 된 조앤은 숙제처럼 묵직한 마음의 빚을 지고 있었어요. 주위 사람들의 결정적 도움이 없었다면 '해리 포터'를 쓰지도, 세계적인 작가가 되지도 못했을 거예요. 조앤은 이제 보답을 하고 싶었어요.

"아무리 언론의 눈길을 피하려 해도, 내가 엄청난 부자에다 유명하다는 것은 분명한 사실이야. 이제는 피하지 말고 내가 벌어들인 돈과 사람들의 관심을 유익하게 사용해야겠어."

조앤은 결심을 곧 실행에 옮겼어요. 우선 조앤은 '편부모 가족을 위한 협회'에 기부를 했어요. 암 환자와 그 가족들을 돕는 '매기 센터'와 '스코틀랜드 다발성경화증 학회'에 후원을 시작했어요. 어머니가 다발성경화증으로 돌아가셨기에 환자와 가족의 고통이 얼마나 심각한지 조앤은 잘 알고 있었거든요.『신비한 동물 사전』과『퀴디치의 역사』의 인세는 코믹 릴리프 구호재단에 기부했어요. 코믹 릴리프 구호재단은 전세계 구호단체를 지원하고 있어요.

조앤은 고마운 사람들도 잊지 않았어요. 어린 시절 친구이자 가장 힘들 때 결정적인 도움을 준 숀 해리스, 포르투갈에서 큰 도움을 주었던 애니 킬리와 질 프루잇, 원고를 버리지 않고 출판 계약까지 성사시켜 준 브리어니 에번스, 영국에서『해리 포터와 마법사의 돌』이 처음 출간되었을 때 꼼꼼하게 읽고 손님들에게 입소문을 내준 작은 서점에 이르기까지 조앤은 소소하지만 자기 삶에 결정적인 도움을 준 사람들에 대해 항상 감사했어요.

조앤은 이 사람들에게 해리 포터 시리즈의 발문이나 신문, 방송 등의 인터뷰를 통해 감사의 뜻을 늘 전했어요. 조앤은 자기 능력이 뛰어나서 이 만큼의 성공을 거두었다고 생각하지 않았어요. 결정적인 순간, 누군가의 도움으로 항상 앞으로 나아갔다고 믿었지요. 이런 조앤의 겸손하고 소박한 성품이 오히려 성공의 밑거름이 되었어요. 모두가 조앤과 그녀의 작품을 사랑하게 되었으니까요.

해리 포터 이후, 새로운 작가의 여정

1997년 여름,『해리 포터와 마법사의 돌』이 출간된 이후 조앤은 수많은 상을 수상했어요.『해리 포터와 마법사의 돌』은 4년 동안 스물한 개의 상을 수상했고, 아동문학 분야에서 가장 큰 권위를 가지고 있는 카네기 메달 후보에도 세 번이나 올랐어요. 영국 도서상, 올해의 작가상을 수상하기도 했지요.

이제 조앤은 영국 문학을 대표하는 작가의 반열에 올랐어요. 영국 어린이 중에 셰익스피어를 모르는 사람은 있을지 몰라도 조앤

해리 포터를 수정할 계획은 전혀 없습니다

롤링을 모르는 사람은 없을 정도가 되었지요. '해리 포터'도 영국 문학의 한 획을 긋는 판타지문학의 고전으로 당당하게 인정받았어요. 조앤은 2012년 『캐주얼 베이컨시』라는 소설을 발표했어요. 청소년의 시각으로 바라본 어른의 세상을 담은 『캐주얼 베이컨시』 역시 출간되자마자 100만 부 이상 판매되며 베스트셀러가 되었어요.

2013년 봄, '로버트 갤브레이스'라는 작가가 『뻐꾸기의 외침The Cuckoo's Calling』이라는 추리소설을 발표했어요. 이 책은 출간되자마자 큰 찬사를 받았어요. 당연히 이 책의 작가가 주목받게 되었지요. 그런데 영국 육군 헌병대에서 수십 년 동안 복무했다는 무명작가 '로버트 갤브레이스'의 정체는 두 달 만에 밝혀지고 말았어요. 그, 아니 그녀는 바로 조앤 롤링이었답니다!

"필명을 사용함으로써 작품에 대한 기대와 홍보 없이 독자와 비평가들에게 조언을 얻는 것은 엄청난 일이자 즐거움이었어요."라고 말한 조앤. 역시 조앤 롤링답지요?

조앤은 큰돈을 벌었고 제시카를 더 좋은 여건에서 키울 수 있게 되었어요. 외모도 아름답게 변했어요. 화려한 옷을 입고, 어디를 가든 사람들의 관심을 받고 방송과 신문을 장식하는 일에도 익숙해졌어요. 하지만 이것은 조앤의 목표가 아니랍니다.

"나는 더 이상 글을 쓸 수 없게 될 때까지 계속 글을 쓸 겁니다."

조앤은 이야기를 사랑하고 글쓰기를 행복해 하는 작가로 살아갈 것입니다. 세상 사람들은 '해리 포터'를 기다릴 때의 설렘과 행복한

『캐주얼 베이컨시』

『뻐꾸기의 외침』

마음으로 조앤의 또 다른 이야기를 기다릴 거예요.

네버랜드로 가는 길

2012년 7월 27일, 영국 런던올림픽 개막식이 펼쳐진 메인스타디움. 320여 개의 병원 침대 위에서 환자복 차림의 어린이들이 뛰어놀며 간호사들과 함께 춤을 추다가 자장가가 울려 퍼지면 하나 둘잠들고, 한 소녀가 이불 속에서 손전등을 켜지요. 소녀가 후크 선장의 무시무시한 얼굴이 그려진 페이지를 펼쳤을 때, 캄캄한 운동장한쪽에서 밝은 조명을 받으며 조앤 롤링이 등장했어요. 조앤은 두툼하고 낡은 동화책을 펼쳐들고 마법의 주문을 외우듯『피터 팬』을낭송했어요.

그러자 빈 침대에서 무엇인가 꿈틀거리며 일어나기 시작했어요. '해리 포터'의 '볼드모트'와『피터 팬』의 '후크선장',『101달마시안』의 '크루엘라 드빌',『이상한 나라의 앨리스』의 '여왕'이었어요. 영국을대표하는 동화책에서 가장 유명한 악당으로 등장하는 캐릭터죠. 그중에서도 가장 거대한 악당은 볼드모트였어요.

『피터 팬』을 펼쳐 읽던 소녀의 침대가 악당들에 의해 공중으로 떠오르고, 어린이들은 두려움에 떨었어요. 그때 메리 포핀스가 커다란 우산을 쓰고 하늘에서 내려와 악당들을 단숨에 몰아내고 어린이들을 구출해내죠.

2012년 런던올림픽 개막식 행사는 이전의 올림픽 행사들과는 많이 달랐어요. 주최국인 영국의 역사와 산업부터 문학, 음악, 영화 등 문화와 예술을 스포츠와 결합시켜 한 편의 뮤지컬 작품을 보는 듯한 경이로움을 선사했어요. 어린 시절 누구나 한번쯤 읽어 봤던, 『피터 팬』부터 『해리 포터』까지 그 유명한 동화책들이 바로 영국에서 나왔다는 점도 부각시켰어요. 그 화제의 중심에는 조앤 롤링이 있었고요. 그녀는 영국이 가장 자랑스러워하는 예술가이자 어린이 문학의 고전을 쓴 작가로서 2012 런던 올림픽 개막식을 빛내 주었어요.

해리 포터를 수정할 계획은 전혀 없습니다

Lumos!
불을 밝혀 앞날을 보여 줘!

4

Joanne K. Rowling

작가 진로 & 직업 탐구

조앤 롤링처럼
작가를 꿈꾼다면

작가의 종류도 가지가지! 내겐 어떤 작가가 어울릴까?

오늘날 작가의 종류는 아주 다양해졌죠. 여러분은 어떤 분야의 작가가 되고 싶은가요? 먼저 자기 자신을 찬찬히 들여다보세요.

1. 소설 읽는 재미에 푹 빠져 있다면

▶ 소설가, 동화 작가에 도전하세요!

소설, 동화, 희곡, 시와 같은 문학작품을 쓰는 작가가 되고 싶은 사람은 당연히 문학을 좋아하는 사람이겠지요? 그렇다면 우선 책을 많이 읽어야 해요. 책 속에서 문학작품을 창작할 때 필요한 글쓰기 기술을 배울 수 있고, 작품을 창작하는 데 꼭 필요한 배경지식도 책에서 얻을 수 있어요.

글쓰기 연습도 많이 해야 한답니다. 이것을 '습작'이라고 해요. 오늘날 유명한 소설가, 동화 작가, 희곡 작가, 시인들은 수십 편, 수백 편에 달하는 습작을 했답니다. 그렇게 다듬어진 글쓰기 실력과 주제의식을 바탕으로 비로소 '작품'이 태어난답니다.

조앤 롤링은 이야기했지요.

"책을 최대한 많이 읽는 것이 중요합니다. 그리고 끊임없이 글을 써야 합니다. 좋은 글을 쓰게 될 때까지 쓰고, 그 전에 쓴 글을 버리는 일을 계속해야 합니다. 자신이 가장 잘 아는 일에 관해서 쓰고 절대 포기하지 않는 것이 중요합니다."

2. 자나깨나 본방사수!

▶ 시나리오 작가, 드라마 작가, 만화 스토리 작가에 도전하세요!

방송 작가나 드라마 작가는 모두 TV를 통해 자신의 작품을 표현하는 사람이에요. 방송 작가는 방송 프로그램의 대본을 쓰는 작가랍니다. 대본에 필요한 자료 조사는 물론, 대본의 글을 구성하고 출연자의 멘트를 쓰고 출연자를 섭외하는 일 등을 하지요.

드라마 작가는 드라마에 필요한 대본을 창작하고 집필하는 사람을 말해요. 드라마와 관련된 역사적 사실이나 사건의 과정 등을 조사, 분석해서 작품의 줄거리를 구상하고 등장인물의 성격, 시대적 배경, 장소 등을 결정해서 등장인물의 대사와 동작 등을 구상한답니다. 때로는 집필 외에도 출연자 섭외, 촬영, 편집 등 방송 진행에 관여하기도 하지요.

시나리오 작가는 영화의 밑그림이 되는 대본을 쓰는 일을 한답니다. 시나리오는 영화의 기초설계도와 같아요. 특히 시나리오의 줄거리를 간략하게 요약한 시놉시스는 영화 제작과 투자, 캐스팅 등을 결정할 때 기준이 되는, 매우 중요한 작업이지요. 시나리오 작가에게는 영상적인 상상력과 그것을 정확하게 표현해내는 문학적 소양이 필요하고 다양한 배경지식이 중요하답니다.

만화스토리 작가는 만화를 그림으로 그리기 전 단계의 이야기를 쓰는 사람을 말해요. 만화가로 유명한 사람 중에는 스토리와 그림을 모두 작업하는 작가가 있는가 하면, 만화스토리나 그림작화 중 한쪽만 잘하는 작가도 있답니다. 그러니까 만화를 잘 그리지 못한다 해도 만화스토리 작가가 될 수 있으니 걱정하지 마세요.

만화스토리 작가는 그림을 담당하는 작화가와 함께 일하는데, 전체 스토리는 물론 등장인물의 대사와 그림이 어떻게 배치되어야 하는지, 연출을 맡은 사람이에요. 만화스토리 작가는 만화 속에 펼쳐질 이야기를 소설이나 시나리오 형식으로 쓴 뒤에 이것을 장면별로 나누어서 자세히 설명하는 연출 콘티로 작업을 해요. 이 콘티를 바탕으로 작화가와 함께 만화를 만들게 되지요. 최근에는 웹툰이 뛰어난 스토리 덕분에 웬만한 소설이나 영화보다 더 많은 사랑을 받는답니다.

3. 세상에 관심이 많다면?

▶ 인디라이터, 인터뷰어, 칼럼니스트에 도전하세요!

인디라이터는 '인디펜던트 라이터independent writer'의 줄임말이에요. 우리말로는 독립저술가라고 하는데, 여행, 역사, 건축 등 전문적인 지식을 한 권의 책으로 기획하고 취재해서 글을 쓰는 사람을 말해요. 우선, 정확한 정보를 전달하면서도 재미있고 쉽게 읽히는 글 솜씨를 갖추는 것이 중요하지요.

인터뷰어는 누군가를 만나 그 사람의 이야기를 듣고 정리하여 신문이나 잡지의 기사 또는 책을 내는 사람을 말해요. 인터뷰란 '서로inter 본다view'는 뜻이랍니다. 인터뷰의 대상자를 '인터뷰이'라고 해요. 인터뷰이는 주로 유명인이거나 전문가인 경우가 많아요. 인터뷰어는 인터뷰이와 마주 보고 그의 이야기를 끌어낼 수 있어야 하므로, 인터뷰이를 만나기 전에 그 사람에 관한 공부를 아주 많이 해야 할 뿐만 아니라 다양한 분야의 전문 지식과 폭넓은 독서를 해야 한답니다. 훌륭한 인터뷰어는 인터뷰이가 하고 싶어 하지 않는 이야기도 기분 나빠하지 않고 술술 털어놓을 수 있게 만드는 사람이랍니다. 그렇게 하기 위해서는 서로에 대해 공감하고 호감을 느낄 수 있는 인간적인 매력도 갖추어야 하겠지요.

칼럼니스트는 우리말로 평론가라고도 하는데, 특정 분야에 대해 전문적인 평가와 의견을 써서 신문이나 잡지에 싣거나 책으로 내는 사람이에요. 보통 사람도 블로그나 홈페이지에 자신의 의견을 글로 써서 실을 수 있다면 칼럼니스트가 될 수 있답니다. 하지만 직업적인 칼럼니스트가 되려면 특정 분야에 대해서 전문적인 지식이 있어야 해요. 북 칼럼니스트, 푸드 칼럼니스트, 음악 칼럼니스트, 영화 칼럼니스트, 연애 칼럼니스트들은 각각 책, 음식, 음악, 영화, 연애에 관해 전문적인 지식과 자기 의견이 있어야 한답니다.

조앤 롤링처럼 작가를 꿈꾼다면

4. 이야기를 꾸며내는 재주가 있다면?

▶ 디지털 스토리텔링 작가에 도전하세요!

디지털 스토리텔링이란 디지털 기술을 사용하는 매체에서 사용하는 이야기를 만드는 것을 말해요. 주로 게임, 인터랙티브 드라마, 웹 애드, 웹 에듀테인먼트 속에서 필요한 이야기를 만들어내는 일을 말한답니다.

디지털 스토리텔링이 가장 활발하게 시도되는 분야는 바로 온라인 게임 분야예요. 게임의 스토리텔링은 영화나 애니메이션과는 좀 다르지요. 개방형 스토리 전개 방식으로, 이를테면 게임 플레이어가 캐릭터를 어떻게 선택하느냐에 따라 이야기가 수만 가지 스토리로 만들어질 수 있다는 것이 특징이지요.

놀이를 표방한 온라인 교육, 즉 웹 에듀테인먼트에서도 디지털 스토리텔링은 중요한 역할을 한답니다. 싫증을 잘 내는 어린이들이 재미있게 공부할 수 있도록, 스토리텔링이 담겨 있는 학습 사이트나 디지털 콘텐츠를 말해요. 유아교육 교재를 만드는 회사에서는 교육에 재미를 더한 콘텐츠 제작에 많은 투자를 하고 있지요. 그에 따라 스토리텔링에 대한 수요도 나날이 늘고 있답니다.

스토리텔링은 상품이나 브랜드에 얽힌 이야기를 활용한 광고에도 많이 활용됩니다. 관광 산업에서도 스토리텔링의 역할은 두드러집니다. 예를 들어, 남이섬에서는 드라마 〈겨울연가〉의 이야기를 관광 포인트로 활용하고 있지요. 『해리 포터』의 내용을 담은 테마파크도 그 예가 될 수 있답니다. 관광 스토리텔링은 소설이나 영화, 드라마 속에 등장한 장소에 자신이 마치 주인공이 된 듯한 판타지를 제공함으로써 우리나라뿐만 아니라 세계적으로 유명한 관광지들을 탄생시켰어요.

스토리텔링은 학교 교육에도 활발하게 적용되고 있어요. 국어 과목은 물론이고, 수학 과목에도 스토리텔링을 활용한 문제들을 다루고 있지요.

글쓰기도 피나는 연습이 필요해!

작가가 되기 위해 가장 먼저 해야 할 일은 무엇일까요? 맞아요. 책 읽기를 좋아하고 글쓰기를 잘 해야해요. 글은 어떻게 해야 잘 쓰게 되는지 모르겠다고요? 우선 작가들이 여러분에게 들려주는 도움말을 찾아보고, 글쓰기 연습을 시작해 보아요.

> 66 문학은 공부하는 것이 아니며 느끼는 것이며 판단하는 것이며 온갖 것이 다 널려 있는 세상을 보는 눈에 의한 것입니다. 99
>
> **박경리** 『문학을 지망하는 젊은이들에게 : 박경리 강의노트』(현대문학, 1995년)

박경리 작가는 1955년《현대문학》에 단편 「계산」으로 등단한 이후 『표류도』,『김약국의 딸들』,『파시』,『시장과 전장』 등 많은 장편을 발표했지만, 뭐니뭐니 해도 최고의 작품은 한국을 대표하는 대하소설 『토지』예요.

박경리 작가는 자신에 대한 진지한 성찰, 즉 자신과의 허물없는 대화의 과정을 문학이라고 했어요. 세상과 그 속에서 살아가는 인간의 관계를 언어로 그려낸 것이 바로 문학이라는 거죠.

문학이론서를 열심히 공부하는 것보다 작가에게 더 필요한 것은 자기 자신을 되돌아보기, 인간에 대한 진지한 통찰, 그리고 세상에 관한 관심이랍니다. 지금 우리 주위에 널려 있는 온갖 경험들을 마음껏 느끼고 상상하고 기억하세요. 나만의 비밀노트를 만들어서 그곳에 내 생각들을 적어놓는 것부터 시작하세요. 그것이 곧 내가 미래에 쓰게 될 문학작품의 소재가 되고 주제가 될 거예요.

> 66 작가 지망생의 존재 증명법은 단 하나다. 쓰는 것이다. 단 한 줄의 문장이라도 오늘 쓰고 있어야지 당신은 비로소 작가 지망생이다. 99
> **배상문** 『창작과 빈병 : 글쓰기 실력이 눈에 띄게 달라지는 100가지 노하우』(북포스, 2012년)

배상문 작가는 열여덟 살 때 스티븐 킹의 『신들린 도시』를 읽고 충격을 받은 후 작가가 되기로 마음먹었대요. 10년이 넘도록 해마다 1000여 권의 책을 읽었지만 서른세 살이 되어서야 첫 책을 출간하고 비로소 작가가 되었답니다. 배상문 작가는 '작가가 되기까지 왜 이렇게 시간이 오래 걸릴까?'하고 고민하면서 좀 더 쉽게 작가가 되는 방법을 모색했어요. 블로그http://blog.naver.com/uvz에 글쓰기 노하우를 올리고, 이 글을 책으로 펴냈어요. 배상문 작가는 작가가 되고 싶어하는 사람들에게 힘주어 이야기해요. "무조건 써라."

지금 내가 쓰는 것이 문학 작품이건, 블로그에 실릴 내용이건, 트위터에 올리는 문장이건 상관없어요. 바쁘다, 쓸 것이 없다는 변명을 늘어놓을 게 아니라, 단 한 줄의 문장이라도 매일 써야 해요. 피아니스트나 운동선수가 되고 싶어서 매일 피아노 연습, 운동 연습을 하듯 말이지요. 그래야 실력이 쑥쑥 자라난다는 거죠.

    좋은 글을 쓰기 위해서는 자신의 생각과 느낌을 있는 그대로 표현할 수 있는 용기가 필요합니다. 그 생각과 느낌이 다른 사람들과 다른 것이면 더욱 좋을 것입니다. 남들과 다른 생각, 남들보다 특이한 느낌, 그것이 있어야 글쓰기의 즐거움이 따릅니다. **"**

전상국 「전상국의 즐거운 마음으로 글쓰기」(연인, 2012년)

    1963년《조선일보》신춘문예에 소설「동행」이 당선되어 등단한 전상국 작가는 현재 강원대학교 국문학과 명예교수 및 김유정문학촌 촌장으로 활동하고 있답니다. 작품으로 『우상의 눈물』, 『아베의 가족』, 『우리들의 날개』, 『형벌의 집』, 『지빠귀 둥지 속의 뻐꾸기』, 『사이코』, 『온 생애의 한순간』, 『남이 섬』, 『늪에서는 바람이』, 『불타는 산』, 『길』, 『유정의 사랑』 등의 소설과 이론

서 『당신도 소설을 쓸 수 있다』 등이 있지요.

전상국 작가는 글쓰는 이의 마음가짐에 주목했어요. 작가가 즐겁게 글을 써야 좋은 글이 나온다는 것이에요. 좋은 생각이 정확하게 효과적으로 아름답게 표현될 때 좋은 글이 나오고 글쓰기 자체가 즐거워진다고 강조한답니다. 무슨 일이든 하기 싫은데 억지로 하거나 고통스럽다면 좋은 결과를 만날 수 없을 거예요. 즐거운 마음, 글쓰기를 즐기는 상황에서 나의 머릿속에 잠자고 있던 창의성이 기지개를 켜고 활발하게 쏟아져 나올 테니까요.

또 하나, 즐거운 글쓰기를 하기 위해 '용기'가 필요하다고 강조해요. 남들과 다른 개성적이고 독특한 나만의 생각을 '좋은 생각'이라고 하는데, 이것을 표현하려면 용기가 있어야 해요.

> 66 움직일 때는 짧은 문장, 사색할 때는 긴 문장, 감각적 암시가 함축된 정서는 더 긴 문장, 분노는 스타카토 문체가 제격이다. 빛깔이 없거나 머뭇거리는 대화체를 피하고, 별 부담이 없을 때는 항상 능동태를 써라. 99
>
> **안정효** 『안정효의 글쓰기 만보 : 일기쓰기부터 소설쓰기까지 단어에서 문체까지』
>
> (모멘토, 2006년)

안정효 작가는 《코리아 헤럴드》, 《코리아 타임스》, 《주간여성》 기자로 활동했고, 한국 브리태니커 편집부장, 《코리아 타임스》 문화체육부장을 지냈어요. 1975년 『백년 동안의 고독』을 시작으로 지금까지 150여 권의 책을 번역했어요. 대표 장편소설로는 『하얀전쟁』, 『은마』, 『할리우드 키드의 생애』 등이 있어요.

안정효 작가는 무엇보다 '기본에 충실한 글쓰기'가 중요하다고 했어요. 그러려면 먼저 초등학교 시절 일기를 쓰는 것처럼, '조금씩, 날마다, 꾸준히' 글을 써야 해요. 그리고 모든 문장을 공들여 써야 하지요. "한 줄 한 줄 천천히 글을 써나가면서 단어 하나하나에 신경을 쓰고, 정성과 공을 들이도록 한다."는 말과 같이 모든 단어와 문장에는 성격과 색깔이 있다고 하지요.

어떤 문장이 더 매끄럽고 좋은 문장인지 알아보는 안목도 중요하지요. 다양한 문장들을 예로 들고 있으니, 함께 고치면서 제대로 문장 공부를 하면 큰 도움이 될 거예요.

> 66 작가의 자질은 타고나는 것이다. 그러나 특별한 자질을 말하는 것은 결코 아니다. 수많은 사람들이 적어도 조금씩은 문필가나 소설가의 재능을 갖고 있으며, 그 재능은 더욱 갈고 닦아 얼마든지 발전시킬 수 있다고 나는 믿는다. 99
>
> **스티븐 킹** 『유혹하는 글쓰기 : 스티븐 킹의 창작론』(김영사, 2002년)

스티븐 킹은 생계를 위해 세탁 공장 인부와 건물 경비원 등을 전전하다가 영어 선생님을 하면서 잡지에 단편 소설을 쓰기 시작했어요. 1973년 『캐리』로 본격적인 장편소설을 쓰기 시작한 뒤 20여 년 동안 텔레비전 드라마를 포함한 500여 편의 작품을 통해, 단연 현대 최고의 '스타 작가'로 인정받았답니다. 그의 작품을 원작으로 한 영화로는 〈미저리〉, 〈그린 마일〉, 〈쇼생크 탈출〉 등 다수가 있어요.

발표하는 작품마다 베스트셀러가 되고 바로 영화화되었던 스티븐 킹의 자서전 같은 글쓰기 책이 『유혹하는 글쓰기 : 스티븐 킹의 창작론』이랍니다. '내가 과연 작가가 될 수 있을까?' 반신반의하는 사람들에게, 스티븐 킹은 큰 희망을 주지요. 글쓰기에 대한 열망과 자기 재능에 대한 믿음만 있다면 누구든 창작을 하고 작가가 될 수 있다고 강조한답니다.

"많이 쓰고 많이 읽어라." 글쓰기에 대한 열망은 많이 읽고 많이 쓰는 일로부터 출발합니다. 자기 재능을 믿는다면 자신의 머릿속에 가장 먼저 떠오른 표현이 최고의 표현이라는 것도 잊지 말 것을 스티븐 킹은 신신당부합니다.

> **66** 단순하고, 쉽고, 소통하는 글이 좋은 글이다. **99**
> **명로진** 『베껴 쓰기로 연습하는 글쓰기 책』(퍼플카우, 2013년)

명로진 작가는 신문기자, 배우, 방송 MC, 여행가, 강사 등 다양한 인생을 살면서 동서양 고전, 글쓰기, 자기계발, 미술, 여행, 사랑, 과학 등 전방위적인 소재로 30여 권의 책을 출간했고 심산스쿨에서 '인디라이터반'과 '고전반' 강좌를, 네이버 카페에서 '명로진의 인디라이터교실http://cafe.naver.com/indibook' 을 운영하고 있답니다.

명로진 작가는 글쓰기 실력을 키우는 가장 좋은 방법으로 '베껴 쓰기'를 제안했어요. 소설가 신경숙은 조세희 작가의 『난장이가 쏘아올린 작은 공』을 베껴 쓰면서 소설가의 꿈을 꾸었어요. 시인 안도현은 백석 시인의 시를 베껴 쓰면서 시를 공부했지요. 이렇듯, 모든 위대한 창조는 서투른 모방에서 비롯된답니다. 더욱이 좋은 글을 베껴 쓰다 보면 좋은 어휘와 문장이 내 것이 되고 나만의 글을 창조할 힘을 기를 수 있답니다.

좋은 글이란 "잘 읽혀야 할 것이다. 잘 읽힌다는 것은 저자가 자신의 감정이나 사상을 독자에게 잘 전달하고 있다는 것을 뜻한다. 바로 소통이 잘 된다는 것, 커뮤니케이션이 잘 된다는 것을 뜻한다."고 명로진 작가는 말해요. 명로진 작가는 기성 작가들의 '좋은 글' 30편을 뽑고, 이 글을 직접 베껴 써볼 것을 권했어요. 좋은 글을 꼼꼼하게 베껴 쓰는 과정에서 나 역시 '단순하고 쉽고 소통하는' 글을 쓸 수 있게 될 거예요.

66 정직은 글쓰기의 기본정신이다. 실질적 정직 없이는 글감 자체가 생겨나지 않는다. 반대로 실질적 정직을 유지한다면 삶의 모든 것이 글감으로 변한다. 동시에 자신만의 개성적 목소리가 가능해진다. **99**

이만교 「나를 바꾸는 글쓰기 공작소 : 한두 줄만 쓰다 지친 당신을 위한 필살기」

(그린비, 2009)

이만교 작가는 《문예중앙》에 시, 《문학동네》에 단편소설이 당선되면서 작가 활동을 시작해 『결혼은, 미친 짓이다』로 '오늘의 작가상'을 수상했어요. 현재 한서대학교 문예창작학과 교수로 재직 중이며, 남산강학원前 수유+너머 남산, 아트앤스터디 artnstudy.com 등에서 글쓰기 강좌를 진행하고 있지요.

이만교 작가는 자신의 문제가 무엇이고, 내가 무엇 때문에 갈등하고 있는지를 끝까지 성찰하고 고민해야만 비로소 글쓰기가 가능하다고 이야기했어요. 이만교 작가는 글쓰기가 자신의 고민을 풀어내는 수단이자 다른 사람과 교감하는 통로이며, 나의 삶을 꼼꼼히 들여다보게 하는 공부라고 생각했어요. 또 '실질적 정직'을 글쓰기의 중요한 조건으로 꼽았어요. 다른 사람의 평가를 중요하게 여기는 도덕적 정직과 달리 실질적 정직이란 자신의 마음을 들여다보고 자신만의 독특한 느낌을 모두 중요하게 여기는 것을 말해요. 자신만의 감각과 사유와 상상을 창조할 수 있는 사람이야말로 진정한 예술가이자 작가라는 거예요.

66 작게 생각하자. 주제의 어느 귀퉁이를 베어 먹을 것인지 결정한 다음 그것을 잘하는 데 만족하자. 너무 부담스러운 과제는 열의를 고갈시킨다. 열의는 여러분이 계속 나아갈 수 있게 해주고 독자를 계속 붙들어두게 해주는 것이다. 여러분의 흥이 빠져나가기 시작하면 독자가 가장 먼저 알아

조앤 롤링처럼 작가를 꿈꾼다면

차리게 마련이다. 🙯

윌리엄 진서 『글쓰기, 생각 쓰기』(돌베개, 2007)

윌리엄 진서는 《뉴욕 헤럴드 트리뷴》에서 기자 생활을 시작한 이래, 주요 잡지에 글을 쓰면서 예일 대학에서 글쓰기를 가르쳤어요. 그가 쓴 『글쓰기, 생각 쓰기』는 1976년 초판이 나온 이후 30년 동안 100만 명이 넘는 사람들에게 글쓰기의 기본으로 읽힌 책이에요. 윌리엄 진서는 이 책에서 여행기, 인터뷰, 회고록, 비즈니스 글쓰기, 비평, 유머 등 논픽션이라는 이름으로 묶을 수 있는 넓은 범위의 다양한 글쓰기들을 다루고 있어요.

글쓰기에 대한 두려움을 극복하고 자신감과 즐거움을 갖기 위해서는 자신이 쓰는 글의 주제가 작가 자신의 삶과 관련이 있거나 작가 자신이 가장 잘 아는 내용이어야 한다고 강조해요. "쓰면 안 되는 주제란 없다. 대개 학생들은 스케이트보드, 치어리더, 록 음악, 자동차처럼 자기 마음에 드는 주제를 피한다. 선생이 그런 주제를 하찮게 여길 거라고 생각하기 때문이다. 삶의 어떤 부분도 그것을 진지하게 받아들이는 사람에게는 절대 하찮은 것이 아니다. 자기가 좋아하는 것을 파고들면 글도 잘 써지고 독자의 관심도 끌수 있다."라고 말하면서 자신이 다룰 수 있는, 부담스럽지 않은 주제로 "작게 생각하라"고 조언하고 있어요.

여러분도 너무 거창한 주제, 내가 잘 알지 못하는 주제에 대해 글을 쓰려 하지 말고, 내가 가장 잘 아는 대상과 내가 느끼는 소소한 것부터 글로 써보세요. 그럼, 훨씬 글쓰기가 쉽고 재미있게 느껴질 거예요.

나 혼자 하는 글쓰기 연습

① 나만의 글쓰기 노트를 만드세요.

② 밉상 캐릭터, 악당 입장으로 드라마 줄거리를 다시 써 보세요.

③ 늘 메모하는 습관을 들여요.

④ 우울하고 화날 때, 슬플 때 나의 감정을 글로 써 보아요.

⑤ 좋아하는 작가의 글을 베껴 쓰는 것도 훌륭한 글쓰기 연습이죠.

⑥ 읽고 또 읽으세요.

작가가 되려면 어떤 학교에 가야 하나?

1. 전문 작가를 양성하는 것이 목표

▶ 문예창작과/서사창작과/미디어문예창작학과

문예창작학과에서는 문학이론, 현대문학사, 동·서양의 고전을 공부하고, 시, 소설, 희곡 등의 창작 이론을 배우고 습작을 합니다. 아동문학과 시나리오를 공부하기도 하고, 소설 중에서 대중문학을 특화시켜 공부하거나 편집 기술론을 배우는 학교도 있답니다. 시인이나 소설가와 같이 문학을 하고 싶은 사람이라면 문예창작학과를 추천해요.

비슷한 학과로 서사창작과가 있습니다. 시, 소설, 희곡 등 장르 구분에 얽매이지 않고, 좀 더 자유롭게 인문학적 상상력에 기반을 두고 개성적인 언어로 자기 자신을 표현하는 '창의적인 픽션 작가'를 육성하는 것이 이 학과의 목표라고 합니다. 플롯 구성, 성격 창조방법, 취재 연습, 영화와 소설 연구 등 스토리를 만들고 다양한 방법으로 표현하는 방법을 배울 수 있어요.

디지털 시대에 걸맞게 진화한 미디어문예창작학과, 언론방송창작과도 주의 깊게 살펴볼 만 해요. 미디어와 문예창작을 접목해 전공수업을 진행하므로 시, 소설, 희곡, 동화 작가는 물론이고 시나리오 및 드라마 작가, 방송구성 작가, 다큐멘터리 작가, 판타지문학 및 장르문학 작가, 디지털 콘텐츠 기획자, 게임이나 애니메이션 시나리오 작가 등 스토리텔링 전문가로 진출할 수 있답니다.

2. 문학 연구에 중점을 두다

▶ 국어국문학과/외국어문학과

국어국문학과는 한국어와 한국문학을 연구하고 묻혀 있거나 잊혀 가는 고유어와 고유 문화유산을 발굴하는 일을 해요. 아울러 외국인에게 한국어를 보급할 수 있는 교수 능력을 계발하고 한글의 우수성을 알릴 수 있도록 하며, 한국의 아름다운 문학을 소개할 수 있는 역량을 키우는 데에 의미를 두고 있답니다. 국어국문학과를 졸업하면 신문사, 방송사, 출판계, 문단 등의 분야에서 활동할 수 있어요. 영어영문학과, 일어일문학과, 독어독문학과 등 외국어와 외국 문학을 공부하는 것도 작가가 되는 길에 큰 도움이 되지요.

3. 만화 작가가 되는 지름길

▶ 만화창작학과/만화디자인학과

만화창작학과에서는 기본데생과 드로잉을 바탕으로 캐릭터 창작과 기획,

스토리, 콘티, 편집에 이르기까지 디지털환경에 맞는 만화제작 전 과정을 배웁니다.

보통 만화창작학과는 출판만화와 캐릭터, 일러스트 등 2가지 전공으로 나누어 교육합니다. 출판만화 전공은 카툰, 스토리만화, 캐리커처, 시사만화 등의 창작을 위한 드로잉과 일러스트레이션, 스토리텔링, 채색, 콘티, 연출, 배경미술 등 만화창작의 이론과 실기를 배우죠. 만화 일러스트레이션, 동화 일러스트레이션, 실험만화 등의 예술만화, 순수 창작 중심의 만화가를 양성하는 게 목표랍니다. 캐릭터 일러스트 전공의 경우에는 게임캐릭터, 팬시캐릭터, 동화캐릭터, 웹툰, 캐리커처 등 만화 관련 분야의 활용 능력을 길러 다양한 만화산업 분야의 전문가를 양성한답니다.

조앤 롤링처럼 작가를 꿈꾼다면

만화창작학과에서는 드로잉, 만화일러스트레이션, 소재와 발상법, 디지털 일러스트레이션, 컴퓨터그래픽과 함께 타이포그래피, 시각디자인, 입체조형 등 디자인과 관련된 전반적 내용은 물론이고, 만화시나리오, 만화콘텐츠디자인, 웹툰, 스토리만화 등 최근 변화하고 있는 만화 업계의 상황에 맞게 공부할 수 있어요.

4. 다양한 분야의 콘텐츠를 만들고 싶다
▶ 스토리텔링학과/문화스토리텔링/디지털스토리텔링

스토리텔링학과에서는 스토리텔링을 지식기반 사업과 연계된 첨단 인문학으로 보고, 문학 · 게임 · 영화 · 애니메이션 · 광고 · 대중음악 산업에서 활약할 스토리텔러를 양성하는 것을 교육 목표로 삼고 있답니다.

스토리텔링학과에서는 전통적인 문학에 얽매이지 않고 스토리를 담고 있는 모든 것을 경험하고 연구해요. 드라마 작법, 영화서사학, 신화, 만화와 애니메이션 등 다양한 서사물은 물론이고 문화예술기행, 지역문화체험, 지역문화컨설팅, 축제 기획 등 실제로 스토리텔링을 활용한 행사 기획을 공부할 수 있어요. 이 밖에도 방송매체론, 방송콘텐츠 기획, 에듀테인먼트 스토리텔링 등 스토리텔링을 이용해서 방송과 인터넷 교육 자료를 다루는 일도 배우게 된답니다.

5. 기자, PD 등 저널리스트를 키운다
▶ 신문학과/신문방송학과

신문방송학과에서는 신문방송학, 커뮤니케이션 관련 이론, 광고학, 기사

작성, 카피라이팅, 방송 편성기획론, 매스컴 통계학 등을 배운답니다. 신문이나 방송 분야의 기자, 칼럼니스트, PD 등을 꿈꾸는 사람이라면 신문방송학과를 목표로 공부해보세요.

작가로 데뷔하려면?

작가가 되려면 마지막 관문을 거쳐야 해요. 이 문을 통과하면 작가 지망생이 아니라 '진짜' 작가가 될 수 있답니다!

1. 공모전에서 당선되어야 해요!

공모전은 예비 작가들이 자신의 작품을 내서 당선작을 뽑는 일종의 시험이에요. 신문사, 문학잡지사, 출판사들이 1년에 한 번 공모전을 개최한답니다. 이들 공모전에서 당선되면 비로소 '등단 작가'가 될 수 있지요. 공모전의 분야는 소설, 시, 평론이 대부분이에요.

문예지의 추천을 받아도 작가가 될 수 있어요. 추천 방법은 문예지마다 달라요. 예를 들어, 문예지에 원고를 보내서 그 중 세 개 이상의 작품이 추천을 받으면 등단한 것으로 인정하는 방식도 있어요.

영화제작사에서는 시나리오 공모전, 방송국은 극본 공모전, 드라마 제작사는 극본 공모전, 방송 작가협회에서는 드라마 신인상과 같은 공모전을 개최해요. 만화스토리 작가를 꿈꾼다면, 만화 전문 출판사에서 개최하는 만화 공모전에 지원해 보세요.

2. 현장에서 갈고닦은 실력과 경험은 누구도 따라올 수 없죠!

현장에서 일하면서 작가의 꿈을 이루는 경우도 많답니다. 특히 시나리오 작가는 영화 제작 현장에서 스태프로 일하면서 시나리오를 쓰기도 하지요. 방송국에서 구성 작가를 하다가 드라마 작가가 되거나, 드라마 외주제작사에서 드라마 기획안을 개발하고 드라마 소재 발굴 업무를 하다가 드라마 작가가 되기도 해요. 또, 기성 드라마 작가의 보조 작가나 아이디어 작가로 활동하면서 드라마 작가로 영역을 넓히는 방법도 있답니다. 만화 스토리 작가도 기성 작가의 스태프로 일하며 스토리 작가로서의 역량을 키우기도 해요.

3. 한우물을 파서 전문가로 인정받으세요.

블로그를 운영하거나 인터넷 소설을 연재하다가 네티즌들의 주목을 받으면 출판사로부터 책으로 출간할 것을 제안받는 경우가 있어요. 스마트폰의 대중적인 보급에 힘입어 앱북을 출간해서 작가로 데뷔할 수도 있어요. 포털 사이트의 웹툰 코너에 연재하다가 유명한 웹툰 작가가 되기도 합니다.

디지털 미디어의 장점은 접근이 쉽다는 점이에요. 누구든 마음먹고 열정적으로 자신의 분야를 파고든다면 대중의 인정을 받고 유명한 작가가 될 수 있지요. 물론 이렇게 되기 위해서는 글쓰기 능력이나 스토리를 창작하는 능력을 끊임없이 계발해야겠지요.

조앤 롤링처럼 작가를 꿈꾼다면

대학교 말고, 글쓰기를 배울 수 있는 곳이 있다?

대학교에서 전공을 해야만 작가가 될 수 있는 건 아니에요. 정확한 눈과 감성, 글쓰기 능력을 키우면 누구든 좋은 작가가 될 수 있어요. 전공이나 나이와 상관없이 글쓰기에 대해 좀 더 깊이 배울 수 있는 곳을 알려 드릴게요.

• 아트앤스터디(http://www.artnstudy.com)

이만교 작가가 강의하는 〈신입을 위한 글쓰기 공작소〉에서는 상투적인 사유 멈추는 방법, 자신의 감정과 느낌을 있는 그대로 문장으로 옮기는 방법, 한 편의 글 완성하는 방법 등 글쓰기의 기본을 배울 수 있어요.

• 심산스쿨(http://www.simsanschool.com)의 〈명로진의 인디라이터 교실〉

글을 쓰는 기본 테크닉은 물론 정보 모으는 방법, 취재 방법, 기획서와 프로필 쓰는 방법, 출판사와의 계약서 검토하는 방법 등 인디라이터가 되기 위해 필요한 실용적인 지식을 배울 수 있어요.

• 한겨레문화센터(http://www.hanter21.co.kr)

다양한 글쓰기 강좌가 마련되어 있어요. 자유기고가, 스토리텔링, 출판, 소설 창작, 기사 쓰기 등 자신의 꿈에 따라 필요한 지식을 골라 들을 수 있답니다.

• 한국콘텐츠진흥원 아카데미(http://edu.kocca.or.kr)

방송, 게임 개발, 스토리텔링과 관련하여 온라인과 오프라인 강좌가 개설되어 있어요. 디지털 스토리텔링에 관심이 있는 사람들에게 추천해요.

• 하자센터(http://2010.haja.net)

하자센터는 연세대학교가 서울시로부터 위탁 운영하는 '서울시립청소년직업체험센터'예요. 방학이면 다양한 글쓰기 강좌가 열립니다.

• 조선일보저널리즘아카데미(http://nie.chosun.com)

언론사 입사와, 직장인들의 사회생활을 돕기 위해 개설된 프로그램으로, 기사와 홍보 발표문 작성에 도움이 되는 노하우를 배우고 실습해 볼 수 있어요.